趣味双关语

INTERESTING PUNS

刘润泽◎编著

金城出版社
GOLD WALL PRESS
·北京·

图书在版编目（CIP）数据

趣味双关语 / 刘润泽编著. —北京：金城出版社有限公司，2021.3
ISBN 978-7-5155-2005-6

Ⅰ. ①趣… Ⅱ. ①刘… Ⅲ. ①汉语–通俗读物 Ⅳ. ①H1-49

中国版本图书馆CIP数据核字（2020）第051435号

趣味双关语

作　　者　刘润泽
责任编辑　雷燕青
责任校对　张礼文
责任印制　李仕杰
开　　本　710 毫米 ×1000 毫米　1/16
印　　张　15.5
字　　数　200 千字
版　　次　2021 年 3 月第 1 版
印　　次　2021 年 3 月第 1 次印刷
印　　刷　天津旭丰源印刷有限公司
书　　号　ISBN 978-7-5155-2005-6
定　　价　49.80 元

出版发行　**金城出版社有限公司**　北京市朝阳区利泽东二路 3 号　100102
发 行 部　(010) 84254364
编 辑 部　(010) 64210080
总 编 室　(010) 64228516
网　　址　http://www.jccb.com.cn
电子邮箱　jinchengchuban@163.com
法律顾问　北京市安理律师事务所　（电话）18911105819

序　言

笔者为什么编辑这部《趣味双关语》呢？笔者发现，很多古代文学故事，人们至今还没弄懂它的含义，因而，很有必要解释一下其中所蕴含的真意。

例如，清代游戏主人编著的《笑林广记》中有个题为《穿窬》的故事：

有个书生夜间正在读书，忽然听见小偷凿墙的声音。这时，炉子上水壶里烧的水正在沸腾，书生提起水壶悄悄等在洞口。等墙挖穿了，小偷先把腿伸了进来。书生抓住小偷的两条腿，慢慢用开水浇。小偷哀求书生放了自己，书生从容地对小偷说："多了也不敢奉承，就完了这一壶吧。"

这个故事的含义是什么呢？

原来，这个故事说的是"喝酒"问题，是主人讲给喝酒的客人听："多了也不敢奉承，就完了这一壶吧。"主人借故事的最后一句话，含蓄地告诉客人：没有更多的酒招待了，就只喝完这一壶吧。

再如，明代冯梦龙编著的《广笑府》中有个题为《水酒》的故事：

池沼里养着鱼，往往被水獭偷吃了。一天，雌水獭先下水偷鱼，雄水獭在岸上蹲着望风，没想到被鱼主人捉住了。雄水獭大声叫道：“不关我事，全是我老伴儿下水。”

这个故事的含义是什么呢？

这个故事如题“水酒”之意，说的是“酒中羼水”问题。在民间，往酒里羼水、兑水叫“下水”。客人察觉酒里羼了水，主人便把这个故事讲给客人听。主人借故事的最后一句话，含蓄地告诉客人：“不关我事，全是我老伴儿下水。”这句话明是说雌水獭“入水”，实则是说“往酒里羼水”，意思是：这事和我可没关系，都是我老伴儿往酒里羼的水。

再如，明代浮白主人编著的《笑林》中有个题为《惯撞席》的故事：

有个乡下人当了巡捕，负责看守巡按御史的大门。一天，太守来见，他跪着报告说：“太老官人进。”巡按御史很生气，责打了他十大板。第二天，太守来了，他又报告说：“太公祖进。”巡按御史又责打了他。到了第三天，太守又来了，这个人思量，说乡下土话不行，说官场话也不行，就报告说：“前天来的，昨天来的，今天又来了。”

这个故事的含义是什么呢？

这个故事如题“惯撞席”之意，说的是“蹭饭”问题。未受邀请而赴宴叫“撞席”，俗称“蹭饭”，“惯撞席”就是“经常蹭饭”。客人蹭饭两天后，第三天又来蹭饭，主人便把这个故事讲给客人听，借故事的最后一句话嘲讽客人：“前天来的，昨天来的，今天又来了。”意思是：“前天来蹭饭的，昨天来蹭饭的，今天又来蹭饭了。”含蓄地表达了对蹭饭客的厌烦，发泄了心中的不快。

上面这三个故事，笔者请教过很多人，几乎没有人能解释清其中的含义。如果国人弄不懂自己的传统文化，笔者感到悲哀，认为很有必要对这类故事进行一番解释。

这类故事的特点是：最后一句话既和所讲的故事情节相关，又和另外一件事情相关，可称之为双关语故事。这类故事除了具有欣赏价值，还有一定的实用价值，如果读懂双关语，并能讲述，可以在适当场合应用，既含蓄又幽默。

笔者发现这类故事非常多，于是，经过精心筛选，编辑了这部《趣味双关语》。

这类故事蕴含着深邃的智慧，引发遐思，对人有所启迪。笔者对书中所选的每篇故事都做了点评，揭示了其中所蕴含的真意。读者看完点评会恍然大悟："噢，原来如此啊，哈哈，哈哈哈！"

这部书中所选的每篇古文故事都做了白话文翻译，通俗易懂；难懂的字、词做了注释，生僻的字用汉语拼音注音，可谓趣味性与知识性俱全，很适合青少年阅读，使之学到更多知识。

刘润泽

2020 年 10 月

趣味
双
关语
QuWei
ShuangGuanYu

前言　双关语艺术简论　　/01

趣味双关语故事 108 篇　　/001

1．遭见贤尊　　/003

2．一蟹不如一蟹　　/005

3．抵三觉　　/007

4．嘲人不识羞　　/010

5．嘲人轻薄　　/012

6．讽刺对客干坐　　/014

7．客答　　/016

8．东坡戏刺狱官　　/018

9．急来抱佛脚　　/020

10．牡羊　　/022

11．得丈人力　　/024

12．两条梁　　/026

13. 大小姨　/028
14. 韩信主考　/031
15. 神仙难做　/033
16. 问孔子　/035
17. 中人　/037
18. 猴　/039
19. 陈全说“屁”　/040
20. 吴中门子　/042
21. 酒薄　/044
22. 只见萝卜不见鸡　/046
23. 一代不如一代　/048
24. 屁颂文章　/050
25. 勿动手　/052
26. 不请客　/053
27. 防人贰心　/055
28. 嘲富人为贼　/057
29. 有钱村牛　/059
30. 道号非人　/061
31. 但能言之　/063
32. 假假真真　/065

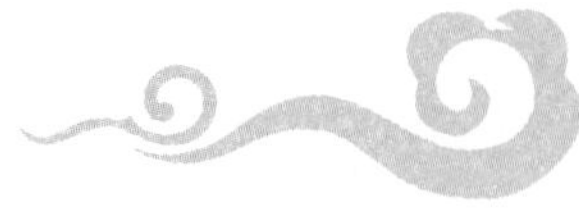

33．做者不羞　/067

34．被人搬坏　/069

35．养凫搏兔　/071

36．且只说嘴　/073

37．须寻生计　/075

38．蔡潮　/077

39．伐冢　/079

40．不识平仄　/082

41．合八卦　/084

42．茶酒争高　/086

43．笑人谈舌　/088

44．此狗正在嚼蛆　/090

45．岂敢空扰　/092

46．常吃别人　/094

47．嘲出头被捉　/096

48．无运先生　/098

49．嘲人说谎　/100

50．贬中里人　/102

51．嘲不识人　/104

52．酒煮白滚汤　/106

53．嘲不还席　/108

54. 让鼠蜂　/110

55. 哑子说话　/112

56. 独管裤　/114

57. 莫想出头　/116

58. 我不见了　/118

59. 归去来辞　/120

60. 麻雀请宴　/122

61. 灭火性　/124

62. 骑虎　/126

63. 骑马败家（笑妆假脸面破家的）/128

64. 画刀　/130

65. 门上贴道人（笑心毒貌慈的）/131

66. 醉猴　/133

67. 有天没日　/135

68. 刮地皮　/137

69. 糊涂虫　/139

70. 贪官　/142

71. 糊涂　/144

72. 州同　/146

73. 识气　/148

74．无一物 /150
75．谒孔庙 /152
76．猫捕鼠 /154
77．好棋 /156
78．不下剪 /158
79．卖淡酒 /160
80．记酒 /162
81．龟渡 /164
82．抵偿 /166
83．卖粉孩 /168

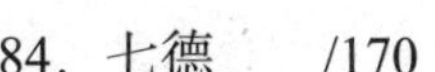
84．七德 /170
85．吃榧伤心 /172
86．恋席 /174
87．淡酒 /176
88．酒死 /178
89．狗衔锭 /180
90．烦恼 /182
91．嘲恶毒 /184
92．讥人弄乖 /186
93．吃橄榄 /188
94．出丑 /190
95．圣贤愁 /192

96. 耍光棍　　/195

97. 猫辞职　　/197

98. 蛇　　/199

99. 鸡　　/201

100. 鹧鸪杜鹃　　/203

101. 红顶花翎　　/205

102. 肝脾涉讼　　/208

103. 蠹鱼　　/210

104. 脚杈　　/212

105. 蛇教蚂行　　/214

106. 只好让他趁风头　　/216

107. 吃马　　/218

108. 水晶　　/220

参考文献　　/223

双关语艺术简论

双关语是一种语言表达艺术，是我国传统文化中一朵瑰丽的小花，只是至今还没有引起人们重视。笔者于此对双关语艺术做一简要论述。

笔者喜欢读古代笑话，可是，读了某些笑话篇章，觉得笑不起来。

例如，明代浮白主人编著的《笑林》中有个题为《和头多》的笑话："一个孩子洗萝卜准备去卖，不小心掉到河里淹死了。母亲哭他说：'我的肉哇，为什么只见萝卜不见了肉哇！'"笔者左思右想，没明白这个笑话有什么可笑之处。

后来，笔者看到一个民间故事：

清朝末年，湖北省蕲春县有个机智人物叫陈细怪。有一年，浠水洗马河边搭台唱戏，陈细怪带着两个徒弟来看。到了中午，师徒三人饿了，就到李屠夫摆的烧汤锅的布棚里买吃的。

陈细怪买了三碗牛肉羹，由于他说话冲撞了李屠夫，李屠夫在他的碗里只盛萝卜不盛肉。

陈细怪见了很生气，便当着李屠夫的面，给两个徒弟讲起了故事：

"有个妇女叫儿子到河边去洗萝卜，孩子不小心掉到河里，被河水冲走了。妇女等了很久，见儿子没回来，就到河边去找。她见河边只有萝卜没有儿子，就急得大哭起来：‘儿啊，我的心肝儿肉哇，为什么只见萝卜不见肉哇！’”

陈细怪一边用筷子在碗里捞，一边学着妇女的腔调哭，逗得两个徒弟和几个吃牛肉羹的人哈哈大笑。李屠夫知道陈细怪是在骂自己，但人家没点名道姓，也不好发火。

笔者看完这个民间故事恍然大悟，原来，《笑林》中的《和头多》，是讲给只给吃萝卜不给吃肉的人听的，否则，这个笑话就没有意义了。

笔者把这类故事称之为双关语故事。因为这类故事中的最后一句话，既和所讲的故事情节相关，又和另外一件事情相关。《和头多》就是个双关语故事：“我的肉哇，为什么只见萝卜不见了肉哇！”这句话既和所讲的故事情节相关，又和只给吃萝卜不给吃肉的人相关。

笔者继而发现，这类故事非常多。

《广笑府·只是一瓶》：

有个客商贩卖瓷瓶，在路上遇到一只老虎。客商没有别的办法，就把瓷瓶投向老虎。瓷瓶快投完了，只剩下一个，老虎还是不走。客商高声叫道：“怎样，怎样！你走也是这一瓶，不走也只是这一瓶！”

这个故事如题“只是一瓶”之意，是主人讲给贪酒的客人听：“怎样，怎样！你走也是这一瓶，不走也只是这一瓶！”意思是：不管客人离席不离席，就只有一瓶酒招待他了。

《广笑府·一瓶打不倒》：

观音菩萨告诫吕洞宾说：“你在岳阳三次大醉，点化何仙姑，在鼎州卖墨，飞剑斩了黄龙，既然身居仙人品位，为什么不戒酒、色、财、气？”吕洞宾说，观音菩萨的净瓶装的是酒，盛装鲜艳是色，黄金布地是财，降伏大鹏是气。观音菩萨被说得狼狈不堪，就把净瓶投向吕洞宾。吕洞宾笑道：“你这一瓶两瓶，可也打不倒我。”

这个故事如题“一瓶打不倒”之意，是贪酒的客人讲给主人听：“你这一瓶两瓶，可也打不倒我。”意思是：主人，你这一两瓶酒，是醉不倒我的。

《雪涛谐史·一瓶打我不去》：

有个人请客，客人喝了很久也不走。于是主人讲了个笑话，说：“有个挑着担子卖瓷瓶的，路上遇到一只老虎。他拿起瓷瓶投向老虎，瓷瓶快投光了，手里只剩下一只。他对老虎说：‘你这凶恶的东西，起身也只这一瓶，不起身也只这一瓶。’”客人听后也讲了个笑话，说：“有一次观音大士过生日，各路神仙都去祝贺，吕洞宾最后才到。大士说：‘这人酒、色、财、气占全了，就不见他了吧。’吕洞宾数落说：‘大士金容如满月，这是色；有净瓶在旁边，这是酒；披戴八宝璎珞，这是财；吐纳呼吸成云，这是气。为什么单单说我呢？’大士生气了，用净瓶投向吕洞宾。吕洞宾笑道：‘大士不要急性子，这一瓶打不走我，还须几瓶才行。’”

这个故事揭示了双关语故事的真谛，故事中的主人和客人，都灵活地运用了《广笑府》中的那两个小故事，幽默且又不失礼节。

双关语故事分为两种形式：一种是单纯双关语故事，一种是应用双关语故事。

一、单纯双关语故事

单纯双关语故事，只把所讲的双关语故事表述出来，让读者领悟了其中的含义之后去应用。

明代醉月子编著的《精选雅笑》中有个题为《魔王反》的故事：

魔王造反闹事，观音菩萨手持净瓶念咒，众鬼都被收进净瓶里。魔王害怕，请求投降，观音菩萨就放了他们。魔王问众鬼：“你们在瓶里饿吗？”众鬼回答说：“饿倒是小事，只是几乎被挤死。”

这就是个单纯双关语故事。这个故事有什么意义呢？正文下面有注解：“此嘲小舟载多客者，绝韵。”这个故事是讲给超员载客的小船的船主听：“饿倒是小事，只是几乎被挤死。”这句双关语的意思是：小船超员载客，乘客们几乎被挤死。

这个《魔王反》的故事，让读者领悟了其中的双关语含义，在适当的场合去应用。

明代浮白主人编著的《笑林》中有个题为《猴》的故事：

一只猴子死后拜见阎王，请求转世为人身。阎王说：“既然想做人，必须把毛儿都拔了。”随即叫夜叉拔毛儿，才拔了一根，猴子就忍不住疼得大叫。阎王笑道：“看你一毛不拔，怎么做人呢？”

这也是个单纯双关语故事。这个故事针对那些非常吝啬、小气的人：“看你一毛不拔，怎么做人呢？”

这个《猴》的故事，让读者领悟了其中的双关语含义，可以讲给那些吝啬的人，使之提高一下做人的质量。

清代石成金编著的《笑得好二集》中有个题为《醉猴》的故事：

有个人买了只猴子，给它穿上衣服，戴上帽子，教它习练跪拜的礼仪，训练得有几分人模人样。一天，此人摆酒请客，叫猴子给客人行礼，猴子的样子非常可爱。客人高兴地把酒赏给猴子，猴子喝得大醉，扯掉衣服和帽子，满地打滚儿。客人们笑道：“这猴子不喝酒还像个人样，岂知喝了酒就不像个人了。”

这也是个单纯双关语故事。这个故事针对那些酒后爱撒酒疯的人：“这猴子不喝酒还像个人样，岂知喝了酒就不像个人了。”

这个《醉猴》的故事，让读者领悟了其中的双关语含义，可以讲给那些酒后爱撒酒疯的人，使之注意一下自己的形象。

二、应用双关语故事

应用双关语故事，是把某人应用双关语的过程表述出来，讲明他是怎样应用双关语艺术的。

当人们想向他人说明什么，但不明言，而是先讲一个双关语故事，然后借故事中的情节把想要说的话表达出来，达到一语双关：故事结尾的话既和所讲的故事情节相关，又和向他人所说的事情相关。所讲的故事一般都是假托的，可以是无稽之谈，关键在于所讲故事结尾的话，必须和向他人所说的事情相关。

明代冯梦龙编著的《古今谭概》中有个题为《伐冢》的故事：

苏辙（子由）执政，苏轼（子瞻）在翰林院任职。有个故交有求于苏辙，先见苏轼，请苏轼转达苏辙，希望给自己安排个差事。苏轼慢慢说道："从前有个人很穷，没有谋生的手段，就想去盗墓。他挖开一座坟墓，见一个人赤身裸体坐着，此人对盗墓者说：'我是汉朝的杨王孙，主张裸体安葬，没东西接济你！'盗墓者又挖开一座坟墓，费了很大力气，进入墓穴，见是一位帝王，帝王说：'我是汉文帝，死前留下遗诏，墓穴中不许放黄金美玉，都是陶器瓦器，没有值钱的东西，你快出去吧。'盗墓人又见两座坟墓相连，先挖开了东边这座，挖了好久才打通，见一个人瘦骨嶙峋，面有饥色，此人说：'我是伯夷，饿死在首阳山，哪有东西满足你的要求？'盗墓人叹口气说：'费了这么大力气，竟然一无所获，不如再挖开西边这座坟墓，或许能得到些收获。'瘦骨嶙峋的人说：'劝你还是另作打算吧。你看我这副模样，我老弟叔齐会有能力帮助你吗？'"故人听后，大笑着离开了。

这就是个应用双关语故事，苏辙是苏轼的弟弟。苏轼通过讲故事，借伯夷之口说："你看我这副模样，我老弟叔齐会有能力帮助你吗？"

这句双关语的意思是：我弟弟苏辙和我一样，没有能力帮助你，不要去找他了。苏轼应用双关语，含蓄地婉拒了客人的请求，既机智又幽默。

《红楼梦》中有段故事：

贾母不太喜欢大儿子贾赦，偏爱二儿子贾政。在一次宴席上，贾赦说了个笑话：“一家子一个儿子最孝顺。偏生母亲病了，各处求医不得，便请了一个针灸的婆子来。婆子原不知道脉理，只说是心火，如今用针灸之法，针灸针灸就好了。这儿子慌了，便问：‘心见铁即死，如何针得？’婆子道：‘不用针心，只针肋条就是了。’儿子道：‘肋条离心甚远，怎么就好？’婆子道：‘不妨事。你不知天下父母心偏的多呢。’”众人听了，都笑起来。贾母知道是在说自己，笑道：“我也得这个婆子针一针就好了。”

这也是个应用双关语故事。贾赦通过讲笑话，借针灸婆子之口说：“你不知天下父母心偏的多呢。”这句双关语的意思是：贾母偏心，对贾赦关心比较少，偏爱贾赦的弟弟贾政。贾赦应用双关语，把贾母的偏心含蓄地说了出来。

清代小石道人编著的《嘻谈录》中有个题为《护月善求》的故事：

有个人在他乡作客，每当有人请他入席，总是大吃大嚼个没完。同席的人很讨厌他，便问：“你们家乡遇到月食，怎样保护月亮？”那人回答：“官员穿上官服，召集僚属，设下祭坛敲鼓，等天狗吐出月亮，人们才散离。”这人也问同席的人：“贵乡是不是也这样啊？”同席的人回答：“我们家乡不是这样，只是以善心祈求。”那人问：“怎么个求法？”同席的人回答：“合掌叩头跪拜，对着黑月亮祷告说：‘阿弥陀佛，你老人家吃得太厉害了，省着点儿吃，留着点儿给人看看吧！’”

这又是个应用双关语故事。同席的人通过讲家乡“护月”的事，借护月人之口说：“阿弥陀佛，你老人家吃得太厉害了，省着点儿吃，留着点儿给人看看吧！”这句双关语，明是说“天狗”吃月亮，实则暗讽那位客人大吃大嚼得太厉害了，不讲礼仪。

以上简略介绍了双关语故事的两种形式。

双关语不像寓言那样有深刻的哲理，其特点是把想说的话机智、巧妙、含蓄地表达出来。当人们有话不便直言或不愿明言的时候，常采用这种方式表达。这种表达艺术风趣、幽默，应用范围很广泛，人们常借以“言彼说此”“指桑骂槐”“含沙射影”。另外，弄懂了双关语的道理，也便于我们去倾听他人的言外之意、弦外之音。

双关语理论的提出，使得我国很多古代故事步入了文学艺术的殿堂。“双关语故事”和“寓言故事”，在学术上有着同样重要的价值。

有些双关语故事由于太含蓄，连前人也没弄明白，因而失去了本来的意义。

明代无名氏编著的《华筵趣乐谈笑酒令》中有个题为《嘲人悭吝》的故事：

有个呆子和妻子一起去丈人家，丈人摆下酒席招待他们。席面上有生柿子，呆子拿起来连皮一起就吃。呆子的妻子在里屋看见了，又是埋怨又是叹气，说："苦啊，苦啊（叹命苦，嫁了个呆子）。"呆子应声说："苦倒不苦，就是有点儿涩（啬）。"

这个故事的含义是什么呢？它说的是“吝啬”问题，如题“嘲人悭吝”之意，“就是有点儿涩（啬）。”这句双关语利用“涩”与“啬”谐音，“有点儿涩”解释为“有点儿吝啬”。

清代游戏主人编著的《笑林广记》中有个题为《呆子》的故事：

一呆子性极痴，有日同妻至岳家拜门，设席待之。席上有生柿水果，呆子取来，连皮就吃。其妻在内窥见，只叫得："苦呀。"呆子听得，忙答曰："苦倒不苦，惹得满口涩得紧着哩。"

《华筵趣乐谈笑酒令》是明代人编著的,《笑林广记》是清代人编著的，后者肯定参阅了前者的作品。前者的标题是《嘲人悭吝》,“就是有点儿涩（啬)”属于双关语，利用“涩”与“啬”谐音,“嘲人悭吝”，话说得很巧妙。后者的标题是《呆子》,“惹得满口涩得紧着哩”则不属于双关语。由于没有弄清前人作品的含义，只是嘲笑呆子不知道青柿子是涩的，趣味就不浓了。因为不只呆子吃涩柿子，很多第一次见到柿子的人，也有误吃涩柿子的。也就是说,《笑林广记》的作者，没有弄清这个故事的本来意义。

这类前人没弄明白而失去了本来意义的双关语故事很多，确实需要认真研究整理。

对于双关语故事，如果没有弄清其中的含义，翻译时很容易出错。

清代游戏主人编著的《笑林广记》中有个题为《恋酒》的故事：

一人肩挑瓷壶，各处货卖。行至山间，遇着一虎，咆哮而来。其人怆甚，忙将一壶掷去，其虎不退。再投一壶，虎又不退。投之将尽，止存一壶，乃高声大叫曰：“畜生，畜生！你若去，也只是这一壶；你就不去，也只是这一壶了。”

这个故事的含义是什么呢？如题“恋酒”之意，是主人讲给贪酒不肯离席的客人：“你若去，也只是这一壶；你就不去，也只是这一壶了。”这句双关语的意思是：不管客人离席不离席，也就只有这一壶酒招待他了。

有篇译文如下：

有个人肩挑瓷壶，到处去卖。有一天走到山间，遇到一只老虎，咆哮而来。此人十分惶恐，忙将一个瓷壶掷去，老虎仍不肯退走，又投一个瓷壶，老虎还是不退。瓷壶即将投尽，只剩下一个瓷壶，于是高声大叫道：“畜生畜生，你如果离开，也只是这一个瓷壶了，你即便不离开，也只是这一个瓷壶了。”

译者由于没弄清这个双关语故事的含义，最后一句译得不准确：“畜生畜生，你如果离开，也只是这一个瓷壶了，你即便不离开，也只是这一个瓷壶了。”原文“这一壶”，是说“这一壶酒”，和题目《恋酒》相呼应。译文“这一个瓷壶”，不能解释为“这一壶酒”，和题目《恋酒》就无关了。全文译得基本准确，只是画龙之后，没有点好睛。

这篇《恋酒》的正确译文如下：

有个人肩挑瓷壶，到各地去卖。走到山里，遇到一只老虎，咆哮而来。此人十分惶恐，忙把一个瓷壶投过去，老虎不肯退走。又投去一个瓷壶，老虎还是不走。瓷壶即将投尽，只剩下一个了，于是高声大叫道：“畜生，畜生！你如果走，也只是这一壶，你即便不走，也只是这一壶了。”

由上可知，如果不弄清双关语故事的含义，就很难翻译准确，也就不能很好地继承老祖宗留下的这份文化遗产。

双关语并非只在古代应用，人们现在仍然在应用这种表达艺术。例如，由赵本山和宋丹丹表演的小品《钟点工》，就有一段应用双关语的情节。

宋丹丹身穿马甲登场，赵本山给她讲了个笑话，说：“有一只老虎，被蛇咬了一口。老虎急了，就想把这蛇踩死，追呀，追追追，追到一个小河边儿。这蛇一下钻水里去了。老虎在河沿儿上就这么等，‘小样儿吧，我就不信你不出来’。不一会儿，从里边儿钻出来一只王八。老虎上前就把它摁住了：‘小样儿，你穿个马甲儿我就不认识你了。’”观众看到这里，不由哄堂大笑。赵本山这时才发现宋丹丹身穿马甲，感到很尴尬，赶紧说：“我重讲啊，我讲错了。不对，是一个王八钻水里去了，完事儿出来一条蛇。老虎说的‘你把马甲儿脱了我照样认识你’。”而此时，宋丹丹正把马甲脱下来放在椅子上。观众看到这里，又是一阵哄堂大笑。

小品中，赵本山所说的“你穿个马甲儿我就不认识你了”和“你把马甲儿脱了我照样认识你”，既和“老虎和蛇”的笑话相关，又和宋丹丹“穿马甲”“脱马甲”的行为相关，所以说这两句就是双关语。小品《钟点工》中应用双关语表达艺术，收到了非常好的喜剧效果。

双关语表达艺术是我国所特有的，属于语言类知识。掌握了这种表达艺术，并能善于编讲这种故事，无疑是一种智慧，更是一种非常有魅力的口才。我们应该在理论上对双关语表达艺术进行深入发掘整理，借以丰富我国的文学理论知识，弘扬中华文化，使之更好地为现代人服务。

趣味双关语故事108篇

趣味
双
关语
QuWei
ShuangGuanYu

1. 遭见贤尊

侯白[①]与杨素[②]剧谈戏弄，或从旦至晚始得归，才出省门，逢素子玄感[③]，乃云："侯秀才可与玄感说一个好话。"白被留连[④]，不获已，乃云："有一大虫[⑤]，欲向野中觅食，见一刺猬仰卧，谓是肉脔[⑥]，欲衔之，忽被猬卷着鼻，惊走，不知休息，直至山中，困乏，不觉昏睡，刺猬乃放鼻而走。大虫忽起欢喜，走至橡树下，低头见橡斗[⑦]，乃侧身语云：'旦来遭见贤尊[⑧]，愿郎君且避道。'"

——选自〔隋〕侯白《启颜录》

【注释】

①侯白：字君素，隋代魏郡临漳人，生卒年不详，著有《启颜录》十卷，原书已散佚，今存百余则，其中杂有唐代之事，当系后人所增入。

②杨素：字处道，隋代弘农华阴人，权臣、诗人、军事家，曾为越国公，后拜司徒，封楚国公。

③玄感：杨玄感，杨素的儿子，隋末起兵谋反，兵败身亡。

④留连：挽留。

⑤大虫：老虎。

⑥肉脔：肉块。

⑦橡斗：橡树的果实，也叫橡栗、橡子，一端毛茸茸，另一端光溜溜，像小刺猬。

⑧贤尊：对他人父亲的敬称。

【译文】

侯白和杨素一起戏谑聊天，从早晨聊到晚上才回家，刚走出省衙门口，遇见杨素的儿子杨玄感。杨玄感说："侯秀才，可以给我讲个有趣的故事吗？"侯白被杨玄感纠缠挽留，不得已，就说："有一只老虎，想到野外找东西吃，见一只刺猬仰卧着，以为是一块肉，想伸嘴去叼，猛然被刺猬卷住了鼻子，惊慌地逃走，不敢停下歇息，一直跑到山里，又困又乏，不知不觉睡着了。刺猬这才放开虎鼻子走了。老虎忽然醒了，见鼻子上没了刺猬，很高兴。它走到一棵橡树下面，低头看见橡栗子，于是侧身说：'早晨遇见令尊大人，希望郎君暂且让让道儿。'"

【点评】

这是个应用双关语的故事。

侯白与杨素聊了一天，又被杨素的儿子纠缠挽留，不得已通过讲故事，借故事中的老虎之口表达他的意思："早晨遇见了令尊大人，希望郎君暂且让让道儿。"这句双关语的意思是：我已经和你父亲聊了一天了，累得很啊，现在麻烦公子让我过去吧。

侯白巧妙运用故事中的双关语，既满足了杨玄感的要求，给他讲了故事，又含蓄地叫杨玄感不要再纠缠挽留他，机智且巧妙，一举双得。

2. 一蟹不如一蟹

艾子[①]行于海上，见一物圆而褊[②]，且多足，问居人[③]曰："此何物也？"曰："蝤蛑[④]也。"既又见一物圆褊多足，问居人曰："此何物也？"曰："螃蟹也。"又于后得一物，状貌皆若前所见而极小，问居人曰："此何物也？"曰："彭越[⑤]也。"艾子喟然[⑥]叹曰："何一蟹不如一蟹[⑦]也！"

——选自〔宋〕苏轼《艾子杂说》

【注释】

①艾子：战国时期齐宣王属下一个大臣，是个传奇人物。

②褊（biǎn）：通"扁"。

③居人：当地人。

④蝤蛑（qiúmóu）：蟹的一种，即梭子蟹，比一般的蟹大。

⑤彭越：蟹的一种，即蟛蜞，比一般的蟹小。

⑥喟（kuì）然：形容叹气的样子。

⑦一蟹不如一蟹：人们常用这话比喻一个不如一个，一个比一个差。

【译文】

艾子在海边走着，看见了一个扁圆形状的东西，并且有很多脚。艾子问当地人说：“这是什么东西呀？”当地人回答：“这是蝤蛑呀。”艾子又看见一个扁圆而多足的家伙，问当地人说：“这是什么东西呀？”当地人回答：“这是螃蟹呀。”之后又得到一个东西，模样和之前见到的差不多，但非常小，问当地人说：“这是什么东西呀？”当地人回答：“这是彭越呀。”艾子叹了一口气，说：“为何一蟹不如一蟹啊！”

【点评】

这是个单纯的双关语故事。

这个故事明是说“螃蟹”，实则暗指“人”。“蝤蛑”“螃蟹”“彭越”，三者都属于蟹类，“蝤蛑”比“螃蟹”大，“螃蟹”比“彭越”大。因此，艾子看到三个同属蟹类的家伙，才喟然长叹：“为何一蟹不如一蟹啊！”

这句双关语的意思是：虽然同属一类，却一个赛一个没本事，一个比一个不中用，“为何一蟹不如一蟹啊！”

3．抵三觉

东坡[1]喜嘲谑[2]，以吕微仲[3]丰硕，每戏之曰："公真有大臣体，此坤六二[4]所谓直方大[5]也。"微仲拜相，东坡当值，其词曰："果艺已达，有孔门三子之风，直大而方，得坤爻六二之动[6]。"一日，东坡谒[7]微仲，微仲方昼寝[8]，久而不出。东坡不能堪。良久，见于便坐。有一葛蒲[9]盆，畜绿毛龟[10]。东坡云："此龟易得，若六眼龟[11]，则难得。"微仲问："六眼龟，出何处？"东坡曰："昔唐庄宗同光中，林邑国[12]尝进六眼龟，时伶人敬新磨[13]在殿下进口号曰：'不要闹，不要闹，听取这龟儿口号：六只眼儿，分明睡一觉，抵别人三觉。'"

——选自〔宋〕苏轼　语〔明〕王世贞　次《调谑编》

【注释】

①东坡：苏东坡，名轼，字子瞻，号东坡，宋代四川眉山人，"唐宋八大家"之一，作品有《东坡全集》《东坡志林》等。

②嘲谑：调笑，戏谑。

③吕微仲：吕大防，字微仲，历仁宗、英宗、神宗、哲宗四朝，封

汲郡公。

④坤六二：《易经》中坤卦的“六二”爻。

⑤直方大：平直，端方，正大。《易·坤》曰：“六二，直方大。”

⑥六二之动：《易·坤》曰：“象曰，六二之动，直以方也。”

⑦谒（yè）：拜见。

⑧昼寝（zhòuqǐn）：白天睡觉，此处指午睡。

⑨菖蒲：一味中药，生长在山涧泉流附近或泉流的水石间。

⑩绿毛龟：绿毛龟身上的“绿毛”是一种藻类——基枝藻，古称神龟。

⑪六眼龟：即四眼斑水龟，也叫四眼水龟或六眼龟。

⑫林邑国：位于中南半岛东部的古国名，约在现在越南南部的顺化一带。

⑬敬新磨：生卒年代不详，唐庄宗宠爱的优伶之一。

【译文】

苏东坡喜欢调侃，因为吕微仲身体比较丰满，经常和他开玩笑：“先生真有大臣的体态，这是《易经》坤卦‘六二’爻所说的平直、端方、正大呀。”后来，吕微仲被任命为宰相，苏东坡当值，撰词写道：“果然技艺已臻完善，有孔门三弟子的风范，平直、正大而且端方，深得坤爻的‘六二之动’的真髓。”

一天，苏东坡去拜访吕微仲，正赶上吕微仲睡午觉，很久都没出来。苏东坡等得很不耐烦。过了好久，吕微仲才起身出来，二人相见说话。屋里有一个菖蒲盆，里面养了一只绿毛龟。苏东坡说：“这个龟容易得到，若是六眼龟，就难得了。”吕微仲问：“六眼龟，出自哪里？”苏东坡说：“当年后唐庄宗同光年间，林邑国曾经进献了一只六眼龟。

当时的优人敬新磨在金殿下进口号说：‘不要闹，不要闹，听取这龟儿口号：六只眼儿，分明睡一觉，抵别人三觉。’”

【点评】

这是个应用双关语的故事。

苏东坡调侃吕微仲，对其怠慢不满，借敬新磨之口说：“不要闹，不要闹，听取这龟儿口号：六只眼儿，分明睡一觉，抵别人三觉！”这句双关语中的“六眼龟”有“六只眼”，所以“一觉”抵“别人三觉”。

苏东坡巧妙应用故事中的双关语，言外之意——调侃吕微仲午睡时间太长，说他像“六眼龟”，“一觉”抵“别人三觉”，弦外之音——诙谐地发泄了对吕微仲怠慢自己的不满。

4．嘲人不识羞

陈大卿云："眉眼口鼻四者，皆有神也。"一日，口为鼻曰："尔有何能，而位居吾上？"鼻曰："吾能别香臭，然后子方可食，故吾位居汝上。"鼻为眼曰："子有何能，而位在我上也？"眼曰："吾能观美恶，望东西，其功不小，宜居汝上也。"鼻又曰："若然，则眉有何能，亦居我上？"眉曰："我也不解与诸君相争得，我若居眼鼻之下，不知你一个面皮，安放那[①]里？"

——选自〔宋〕罗烨《醉翁谈录》

【注释】

①那：同"哪"。

【译文】

陈大卿说："眉毛、眼睛、嘴巴、鼻子四个器官，都有其神。"一天，嘴巴对鼻子说："你有什么本事，却位居我上？"鼻子说："我能辨别香臭，然后你才能去吃，所以我居你之上。"鼻子对眼睛说："你有什么本事，也位在我之上？”眼睛说：“我能观察美恶，望东看西，这功劳不小，也应当居你之上。”鼻子又说：“如果这样，那眉毛有什么本事，也在我之上？”眉毛说：“我也不屑于和诸位争高下，我如果在眼睛、鼻子下面，不知道你一张脸皮，放在哪里？”

【点评】

这是个单纯的双关语故事。

这个故事如题“嘲人不识羞”之意：“我如果在眼睛、鼻子下面，不知道你一张脸皮，放在哪里？”

这句双关语说得很含蓄，以眉毛的口吻借以嘲讽，如果我不帮你摆脱窘境，你那张脸往哪儿搁呀？明是说“眉毛”，实则是在说“人”，嘲讽那些居功自傲不知羞耻的人。

5．嘲人轻薄

湖北盛雪，知县会同官吟赏。时有国师姓杨名筠松[①]，因离乱匿姓名，挟术[②]周游海内，人莫识之，偶预席，居下坐。各人吟咏讫[③]，次到筠松，遂吟诗曰："大拳大块满天飞，挺挺筠松被压底。冷笑这般轻薄物，难熔能得几多时。"

——选自〔宋〕陈元靓《事林广记》

【注释】

①筠松：杨筠松，名益，字叔茂，号筠松，后人称"杨救贫"，唐代窦州人，地理风水学家，为唐僖宗朝国师，官至金紫光禄大夫。

②挟术：身怀技艺。

③讫：完结。

【译文】

湖北大雪，知县和同僚吟诗赏雪。当时有个国师姓杨叫筠松，因为遭受变乱而隐姓埋名，身怀技艺周游各地，人们都不认识他。一次，他偶尔参加了吟诗赏雪的宴席，居于下座。人们吟咏完毕，然后轮到杨筠松，于是他吟诗道：“大拳大块满天飞，挺挺筠松被压低；冷笑这般轻薄物，难熔能得几多时。”

【点评】

这是个应用双关语的故事。

杨筠松遭遇变故隐姓埋名，在吟诗赏雪的宴席上，借赏雪之诗句嘲讽了那些不赏识他的官员们：“大拳大块满天飞，挺挺筠松被压低；冷笑这般轻薄物，难熔能得几多时。”

诗句中多处运用双关词语，“挺挺筠松”明是说“松树”，实则是在说杨筠松自己；“被压低”明是说“松树”被雪“压低”，实则是说杨筠松“居下座”无人赏识；“轻薄物”明是说又轻又薄的“雪”，实则是说那些不赏识才子的官员。既有对自己才华无处施展的自嘲，也有对同席官员有眼不识金镶玉的讽喻。

6．讽刺对客干坐

有一富室子弟，每日好人谈论古今兴亡之事。一日，有一客相与谈论说：“韩信败阵，萧何持兵马一直赶到一所，地名唤做淮河。韩信跃马奔入深山里面去，遂见山中树林荫密，岩石可爱，就中有一磐陁石[①]，韩信下马就坐。”说到这里，竟不发语。富家人问之曰：“坐后却如何？”客曰：“坐便只是坐，不解有物事[②]吃。”

——选自〔宋〕陈元靓《事林广记》

【注释】

①磐陁（pántuó）石：不平的大石头。

②物事：东西。

【译文】

有一个富家子弟，每天喜欢与人谈论古今兴亡之事。一天，有个客人对他对谈：“韩信吃了败仗，萧何统率兵马一直追赶到一个地方，地名叫作淮河。韩信跃马奔入深山里面去，于是看见山中树林茂密，岩石可爱，其中有一块不太平的大石头，韩信下马就坐在了上面。”说到这里，客人打住不说了。富家子弟问他说：“坐下后又怎么样？”客人回答：“坐便只是坐，不知道有什么东西吃。”

【点评】

这是个单纯的双关语故事。

这个故事如题“讽刺对客干坐”之意，于对谈之机，借韩信之口讲故事：“坐便只是坐，不知道有什么东西吃。”哈哈，就这么干坐着啊，有没有什么东西吃啊？

这句双关语，运用得恰到好处，故事中间戛然而止，客人算到富家子弟必有此一问，故意引其上钩，揶揄了富家子弟只喜与人谈古论今，不舍得请客人吃饭。

7. 客答

旧日有女婿到丈人家久住，丈人欲其去而女婿不去。一日，丈人云："甚荷①远来，家禽宰尽，无可相待，且勿罪。"意欲女婿辞去。女婿云："丈人不用烦恼，我来时见一群鹿在山内甚肥，可捕归烹炮②，亦多得日吃。"丈人云："你来时在彼，经月余日，鹿必去了。"婿云："那里吃处好，往往未肯去。"

——选自〔宋〕陈元靓《事林广记》

【注释】

①荷（hè）：蒙受恩惠的意思。

②烹炮（pēngpáo）：指烧煮熏炙。

【译文】

从前，有个女婿到丈人家住了许久，丈人想让女婿走，可女婿偏不走。一天，丈人说："很感谢你远道来看我，家禽都宰完了，没有什么招待你了，不要怪罪。"意思是让女婿回自己家。女婿说："丈人不用烦恼，我来的时候见山里有一群鹿很肥，可以把它们捕回来烹烤，也可以吃很多天。”丈人说：“你来的时候鹿群在山里，已然过了一个多月，那鹿群肯定已经离开了。”女婿说：“那里吃得好，往往不愿意离开的。”

【点评】

这是个应用双关语的故事。

这个故事如题“客答”之意，表意上是岳婿之间的趣事，岳父嫌弃女婿在自己家白吃了个把月，都吃空了还不愿意走；而女婿居然厚着脸皮说吃得好不舍得走。

这个双关语的故事，虽然充满了生活情趣，但也恰好说明一个问题：即使在挚友亲朋之间，做人做事也应有个度，要把握好火候，凡事不宜过火，否则过犹不及。

8．东坡戏刺狱官

苏东坡自元祐[1]初，为狱官挫[2]，未几，以礼部员外郎召入，偶遇狱官，甚有惭色。东坡戏之曰：“有蛇螫杀人，为冥府所追，议法当死，蛇前诉曰：‘诚有罪，然亦有功，可以自赎。’冥官曰：‘何功也？’蛇曰：‘某有黄，可治病，所活已数人矣。’遂免。良久，牵一牛至，云：‘触[3]杀人，亦当死。’牛曰：‘我亦有黄，可治病，所活数人矣。’亦得免。久之，狱吏牵一人至，曰：‘此人生常杀人，今当还命。’其人妄言亦有黄，冥官大怒，诘之曰：‘蛇黄牛黄皆入药，天下所共知，汝为人黄，何功之有？’其人窘甚，曰：‘某别无黄，但有些惭惶[4]。’”

——选自〔明〕李贽《山中一夕话》

【注释】

①元祐：宋哲宗赵煦的第一个年号。

②挫：挫辱，屈辱，受羞辱。

③触：抵，顶；碰，撞。

④惭惶：羞愧惶恐。

【译文】

苏东坡在宋哲宗元祐初年，因“乌台诗案”被狱吏羞辱。不久，苏东坡被委任礼部员外郎召入，偶遇当年羞辱他的狱吏，狱吏很羞愧。苏东坡嘲讽他说：“有一条蛇毒死了人，冥府追究它的罪行，依法应当处死。蛇向前申诉说：‘我确实有罪，可也有功，可以将功赎罪。’冥官说：‘有什么功？’蛇说：‘我有黄，可以治病，已经救活好几个人。’冥官听后免了蛇的罪。过了一会儿，狱吏牵着一头牛来，说：‘用犄角顶死了人，也应当处死。’牛说：‘我也有黄，可以治病，也救活好几个人。’冥官也免了牛的罪。过了许久，狱吏牵着一个人来，说：‘这人活着的时候经常杀人，今天应当偿命。’那人谎称自己也有黄，冥官大怒，责问他说：‘蛇黄、牛黄都可以入药，天下都知道，你为人黄，有什么功劳？’那个人很尴尬，说：‘我没有别的黄，但有些惭惶。’”

【点评】

这是个应用双关语的故事。

苏东坡因“乌台诗案”曾被狱吏羞辱，后被委任礼部员外郎偶遇当年羞辱过他的狱吏。苏东坡通过讲故事，借故事中的人物之口说：“我没有别的黄，但有些惭惶。”

借用双关语，苏东坡巧妙且含蓄地嘲讽了当年羞辱过他的狱吏，也解了狱吏再遇苏东坡时羞愧难当的惭惶之围。

9. 急来抱佛脚

云南之南一番国，专尚释教，又犯罪应诛者，捕之急，趋往寺中，抱佛脚悔过，便贳[①]其罪。谚云："闲时不烧香，急来抱佛脚。"

——选自〔宋〕张世南《宦游纪闻》

【注释】

①贳（shì）：赦免。

【译文】

从前，云南的南面有个藩属国，崇尚佛教。有个犯了罪应该杀头的人，被追捕得紧，于是跑进了寺里，抱住佛脚忏悔自己的罪过。官府闻悉，便赦免了他的罪过。众人闻知笑道："闲时不烧香，急来抱佛脚。"

【点评】

这是个单纯的双关语故事。

这个故事如题“急来抱佛脚”之意，指那些平时不做善事的人，遇到急难之时才去求佛祖救助。

“闲时不烧香，急来抱佛脚。”这句双关语比喻平时不做准备，事情临头才急忙设法应付。同时也告诫朋友们，平时要注意礼尚往来，协调好人际关系，不要等遇到急难时才去求人帮忙。

10. 牡羊

艾子畜羊两头于囿[①]，羊牡[②]者好斗，每遇生人，则逐而触[③]之，门人[④]辈往来，甚以为患，请于艾子曰：“夫子[⑤]之羊，牡而猛，请得阉之，则降其性而驯矣。”艾子笑曰：“尔不知今日无阳道的更猛里。”

——选自〔明〕陆灼《艾子后语》

【注释】

①囿（yòu）：这里指养动物的园子。

②牡（mǔ）：雄性的鸟或兽，亦指植物的雄株。

③触：抵，顶；碰，撞。

④门人：这里指门生、弟子。

⑤夫子：古时候称学者或老师为夫子。

【译文】

艾子在园子里养了两只羊，那只公羊好斗，每当遇见生人，便追着用犄角顶撞。常来的弟子们都怕这只羊，向艾子请求说：“老师的羊，那只公的太凶猛，请您把它阉割了，降服它的性子就变得温驯了。”艾子笑道：“你们不知道，现在没有阳道的更凶猛啊！”

【点评】

这是个单纯的双关语故事。

在旧时，意指在朝中专权的宦官：“你们不知道，现在没有阳道的更凶猛啊！”

这句双关语中说的“没有阳道的更凶猛”，抨击了旧时宫廷中的宦官在朝中专权作恶、欺凌霸道之举。

11. 得丈人力

有以岳丈之力，得中魁选①者，或②作语嘲之曰："孔门弟子入试，临揭晓，先报子张③第十九，人曰：'他一貌堂堂，果有好处。'又报子路④第十三，人曰：'他粗人也中得高，全凭那一阵气魄。'又报颜渊⑤第十二，人曰：'此圣门高足，屈了他些。'又报公冶长⑥第五，人骇曰：'此子平日不见怎的，如何倒中正魁？'或曰：'全得他丈人之力耳。'"

——选自〔明〕浮白斋主人《雅谑》

【注释】

①魁选：科举考试第一名。泛指位次第一或最优者。

②或：某人，有的人。

③子张：颛（zhuān）孙师，字子张，春秋时期陈国人，孔子的弟子。

④子路：仲由，字子路，春秋时期鲁国人，孔子的弟子。

⑤颜渊：颜回，字子渊，春秋时期鲁国人，孔子的弟子。

⑥公冶长：名长，字子长，春秋时期齐国人，孔门弟子七十二贤之一，孔子的女婿。

【译文】

有个人凭借岳父帮助取得科举考试的第一名，于是有人编故事讥讽说："孔门弟子入场考试，临到揭晓，先报子张排名第十九，众人说：'他相貌堂堂，果然有好的位次。'又报子路排名第十三，众人说：'这粗人也中得高，全凭那一派勇武气概。'又报颜渊排名第十二，众人说：'这是圣门的高足，委屈了他一些。'再报公冶长排名第五，人们吃惊地说：'这人平时没看出怎么样，怎么倒名列前茅？'有人说：'全靠他丈人的力量呗。'"

【点评】

这是个应用双关语的故事。

如题"得丈人力"之意，意指"得中魁选者""全得他丈人之力耳"。这句双关语明是说"公冶长"靠孔子得中魁选，因为公冶长是孔子的女婿；实则是说那个"以岳丈之力，得中魁选者"。编故事的人应用双关语，借悠悠众口嘲讽了那个"全得他丈人之力耳"的"魁选"。

【说明】

这个故事中所说的"子张第十九""子路第十三""颜渊第十二""公冶长第五"金榜题名的顺序，是借《论语》篇章题目编排说笑的。

《论语》全书共计二十篇，每篇都有题目，第五篇题为《公冶长第五》，第十二篇题为《颜渊第十二》，第十三篇题为《子路第十三》，第十九篇题为《子张第十九》。

12. 两条梁

支元献罄产[①]以构高堂，堂成而养赡[②]乏。适窦谏议[③]过[④]，曰，“堂甚好，只欠两条梁。”或问其故，答曰 :“一条是不思量[⑤]（梁），一条是不酌量[⑥]（梁）。”

——选自〔明〕浮白斋主人《雅谑》

【注释】

①罄产 : 用尽财产。

②养赡 : 指供人生活的衣食财物等。

③谏议 : 官名。谏议大夫。

④过 : 拜访，看望。

⑤思量 : 考虑。

⑥酌量 : 斟酌估量。

【译文】

支元献用尽家产建一座高大的房屋，房屋建成后，基本生活匮乏。适逢窦谏议拜访，说："这房屋建得很好，只可惜缺少两条梁。"支元献问缺哪两条梁。窦谏议说："一条是不思量（梁），一条是不酌量（梁）。"

【点评】

这是个应用双关语的故事。

窦谏议巧借评论房屋缺少"两条梁"，含蓄地说："一条是不思量（梁），一条是不酌量（梁）。"利用"梁"与"量"谐音，指出支元献建造房屋时考虑不周到，缺少"思量"与"酌量"，以致房屋建成后，物质生活匮乏，衣食成忧。

"两条梁"的应用双关语，巧妙地道出支元献建造房屋时的考虑不周。

13．大小姨

薛简肃公有三女，长适[①]欧公[②]，次适王拱辰[③]。后欧公丧偶，复续其幼女，故拱辰有“旧女婿为新女婿，大姨夫作小姨夫”之戏。适刘原父晚年再娶，欧公作诗戏曰：“仙家千载一何长，浮世空惊日月忙。洞里桃花莫相笑，刘郎今日老刘郎。”原父不悦，思报之。一日，三人相会，原父曰：“昔有老学究训蒙童[④]，诵《毛诗》[⑤]至‘委蛇委蛇’[⑥]，教之曰：‘蛇字读作姨字，切记。’明日，蒙童看乞儿[⑦]弄蛇，饭后到馆[⑧]，学究责曰：‘何宴[⑨]也？’童曰：‘适途中有弄[⑩]姨（蛇）者，与众观之，先弄大姨（蛇），后弄小姨（蛇），是以迟迟。’”欧公不觉噱[⑪]然。

——选自〔明〕浮白斋主人《雅谑》

【注释】

①适：旧称女子出嫁。

②欧公：欧阳修，庐陵人，字永叔，号醉翁，又号六一居士，著名文学家、史学家、政治家，“唐宋八大家”之一，著有《欧阳文忠

公文集》。

③王拱辰：字君贶，北宋开封府咸平人，著名诗人。

④蒙童：知识未开的儿童。

⑤《毛诗》：指西汉时毛亨、毛苌（cháng）所注释的《诗经》版本。

⑥委蛇委蛇：《诗经·国风·召南·羔羊》中的句子。

⑦乞儿：讨饭的孩子，叫花子，泛指乞丐。

⑧馆：学馆，指学堂。

⑨宴：迟。

⑩弄：耍。

⑪噱：大笑的意思。

【译文】

薛简肃有三个女儿，大女儿嫁给了欧阳修，二女儿嫁给了王拱辰。后来，欧阳修的妻子死了，续娶了薛简肃的三女儿，所以王拱辰开玩笑说："旧女婿为新女婿，大姨夫作小姨夫。"正赶上刘原父晚年再娶，欧阳修作诗调侃说："仙家千载一何长，浮世空惊日月忙。洞里桃花莫相笑，刘郎今日老刘郎。"刘原父不高兴，想寻机报复欧阳修。一天，欧阳修、王拱辰、刘原父三人相会。刘原父说："从前，有个老学究教小学童念书，诵读《毛诗》到'委蛇委蛇'这一句时，告诉小学童：'蛇字读作姨字，要记住。'第二天，小学童在路上看乞丐耍蛇，饭后才到学校，学究责问说：'为什么来晚了？'小学童说：'刚才在路上碰到耍姨（蛇）的，就和大家一起观看。他先耍大姨（蛇），后耍小姨（蛇），所以来晚了。'"欧阳修听了，不禁大笑起来。

【点评】

这是个应用双关语的故事。

刘原父晚年再娶，被欧阳修调侃。在三人聚会之时，刘原父借故事中的小学童之口报复欧阳修："先要大姨（蛇），后要小姨（蛇）。"这句双关语利用"蛇"与"姨"的谐音，暗指欧阳修"先要大姨，后要小姨"。

刘原父应用双关语，巧妙又风趣地回讽了欧阳修，说得欧阳修也不由得哈哈大笑。

14．韩信主考

宋壬戌科[①]，秦桧[②]之子熺，侄昌时、昌龄，一榜登第[③]。时人愤恨，追问今岁知贡举[④]为谁。一士答曰："是韩信[⑤]。"人争辩其非。士笑曰："若主考非韩信，如何乃取三秦[⑥]？"

——选自〔明〕浮白斋主人《雅谑》

【注释】

①壬戌科：壬戌年的科举考试。

②秦桧：字会之，中国历史上十大奸臣之一，因以"莫须有"的罪名处死岳飞而遗臭万年。

③登第：登科。

④知贡举：唐宋时特派主持进士考试的大臣。

⑤韩信：汉代淮阴人，"汉初三杰"之一，西汉开国功臣，杰出的军事家。

⑥三秦：现在陕西的陕南、陕北、关中并称"三秦"。公元前206年5月，韩信明修栈道，暗度陈仓，一举击败镇守陕西的雍王章邯、塞

王司马欣和翟王董翳，袭取了三秦。

【译文】

南宋壬戌年会试，秦桧的儿子秦熺及侄子秦昌时、秦昌龄，同时金榜题名。人们都很气愤，纷纷追问当时的主考官是谁。一个读书人说："韩信。"人们争相辩论他说的不对。读书人笑道："如果主考官不是韩信，怎么就取了三秦？"

【点评】

这是个应用双关语的故事。

读书人针对三秦的主考官一事，一句话的回复一针见血："如果主考官不是韩信，怎么就取了三秦？"

这句双关语也就是读书人所说的"三秦"，明说韩信袭取"三秦"要冲，实则暗指主考官录取秦桧的三个亲戚——秦熺、秦昌时、秦昌龄——"三秦"。这句双关语的妙处即在于此。读书人巧妙地应用双关语，机智地嘲讽了秦桧的家人凭借其权势金榜题名，揭露了旧时科举制度的徇私舞弊。

15. 神仙难做

时俗[①]贿赂[②]公行，上下沿习[③]。一人作吕纯阳状，杖头挑钱百文，众小儿牵衣乞钱，即与一文，行未一步，又一儿牵袂[④]以乞，又与一文，才移足，儿又乞钱，如是者，三四不止。纯阳抚掌叹曰："步步要钱，教我神仙也难做。"

——选自〔明〕浮白斋主人《雅谑》

【注释】

①时俗：世俗，流俗。

②贿赂：用财物买通别人。

③沿习：因袭历来的习惯。

④袂：衣袖，袖口。

【译文】

世风败坏，贿赂公开进行，上下积习相沿。有人扮作吕洞宾的样子，手持拐杖，拐杖上挑着一百文钱。一群小孩子拉着他的衣服要钱，他给了一个小孩一文。没走一步，又有一个小孩拉着他的衣袖要钱，他又给了一文。才迈步，又有一个小孩要钱。像这样要钱的孩童，不只三四个。吕洞宾抚掌叹气说："步步要钱，让我神仙也难做呀。"

【点评】

这是个单纯的双关语故事。

这个故事意指那些索取贿赂的贪官："步步要钱，让我神仙也难做呀。"借吕洞宾之口，揭露了当时社会公开索贿的恶劣行径，世风败坏，即使神仙也不好做啊。此处双关语严肃抨击了行贿受贿的不良风气。

16. 问孔子

两道学先生[①]议论不合，各自诧真[②]道学，而互诋[③]为假，久之不决，乃共请正[④]于孔子。孔子下阶，鞠躬致敬而言曰："吾道甚大，何必相同。二位老先生皆真正道学，丘素所钦仰，岂有伪哉。"两人各大喜而退。弟子曰："夫子[⑤]何谀[⑥]之甚也！"孔子曰："此辈人哄得他去就够了，惹他甚么！"

——选自〔明〕浮白主人《笑林》

【注释】

①道学先生：思想、作风特别迂腐的读书人。

②诧真：夸耀为真。

③互诋：互相诋毁。

④请正：请求指正。

⑤夫子：古时候称学者或老师为夫子。

⑥谀：奉承。

【译文】

两位道学先生学术见解不同，各自夸耀自己是真道学，互相诋毁对方是假，争执很久也没结果，就一起请孔子指教。孔子走下台阶，向二位鞠躬致敬，然后说："我的学说博大精深，看法何必相同呢？两位老先生都是真正的道学，孔丘向来钦佩敬仰，怎么能是假的呢？"两人听后都很高兴地离开了。孔子的学生问："老师为什么把他们捧得这么高呢？"孔子说："这种人，把他哄走就算了，招惹他做什么？"

【点评】

这是个单纯的双关语故事。

"此辈人哄得他去就够了，惹他甚么！"对于冥顽固执又偏见的迂腐之人，把他哄走就算了，何必招惹他们呢？

这句双关语一语中的，劝告人们，不论做学问还是做人，和冥顽不化、固执己见的人打交道，不必太认真，也不必太计较，较真你就输了。

17. 中人

玉帝修凌霄殿[1]，偶乏用，欲将广寒宫[2]典与人皇[3]。因思中人[4]亦得一皇帝方好，乃请灶君[5]下界议价。既见朝，朝中讶之曰："天庭所遣中人，何黑如此！"灶君笑曰："天下那有中人是白的？"

——选自〔明〕浮白主人《笑林》

【注释】

①凌霄殿：神话传说中天上的玉皇大帝居住的宫殿。

②广寒宫：神话传说中月亮上的嫦娥居住的宫殿。

③人皇：人间的皇帝。

④中人：为双方介绍买卖、调解纠纷或做见证的中间人。

⑤灶君：灶神，也叫灶王、灶君皇帝，神话传说中司饮食的神，长着一副黑脸膛。

【译文】

玉皇大帝修缮凌霄殿，偶尔缺少费用，想把广寒宫典给人间的皇帝。他想中人也是一位皇帝才好，就请灶君下凡界去商议价格。灶君来到人间朝廷，朝中大臣惊讶地说："天庭所派的中人，怎么这样黑！"灶君笑道："天下哪有中人是（清）白的？"

【点评】

这是个单纯的双关语故事。

这个故事如题"中人"之意，意指那些喜欢从中谋利的中间人："天下哪有中人是（清）白的？"天下的中间人没有清白的，大概都会从当事的双方捞取好处。

这句双关语揶揄了中间商或者中介都会从甲乙双方收取好处或者费用的。

18. 猴

一猴死见冥王，求转人身。王曰：“既欲做人，须将毛尽拔去。”即唤夜叉拔之，方拔一根，猴不胜痛叫。王笑曰：“看你一毛不拔，如何做人？”

——选自〔明〕浮白主人《笑林》

【译文】

一只猴子死后拜见阎王，请求转世为人身。阎王说：“既然想做人，必须把毛儿都拔了。”随即叫来夜叉拔毛儿，才拔了一根，猴子就忍不住疼得大叫。阎王笑道：“看你一毛不拔，怎么做人呢？”

【点评】

这是个单纯的双关语故事。

这个故事针对那些非常吝啬、小气的人：“看你一毛不拔，怎么做人呢？”这句双关语明是说“猴”，实则是指“人”。吝啬得一毛不拔，还想做人吗？

这句双关语告诫人们，做人应该慷慨大方一些，不能吝啬得一毛不拔。

19. 陈全说“屁”

国朝[①]有陈全[②]者，金陵人，负俊才，性好烟花，持数千金，皆费于平康市[③]。一日浪游[④]，误入禁地[⑤]，为中贵[⑥]所执，将畀[⑦]巡城。全跪曰：“小人是陈全，祈公公见饶。”中贵素闻全名，乃曰：“闻陈全善取笑，可作一字笑，能令我笑，方才放你。”全曰：“屁。”中贵曰：“此何说？”全曰：“放也由公公[⑧]，不放也由公公。”中贵笑不自制，因放之。

——选自〔明〕江盈科《雪涛谐史》

【注释】

①国朝：指当前朝代。

②陈全：明代金陵人，很有才气。明代蒋一葵编著的《尧山堂外纪》载：“陈全患疟疾，制《叨叨令》云：‘冷来时冷的在冰凌上卧，热来时热的在蒸笼里坐，疼时节疼的天灵破，颤时节颤得牙关挫，只被你害杀人也么哥！只被你害杀人也么哥！真个是寒来暑往人难过。’”

③平康市：妓女聚居的地方。

④浪游：四处游荡。

⑤禁地：不可进入的地域。这里指皇家的地域。

⑥中贵：即中官、宦官。古代泛指皇帝宠信的近臣。

⑦畀（bì）：给，给以。

⑧公公：古代对太监的尊称。

【译文】

当朝有个叫陈全的，金陵人，很有才气，喜好烟花歌女，数千两银子都花在青楼了。一天四处游荡，误入皇家禁地，被宦官捉住了，要罚他去巡城。陈全跪下说："小人是陈全，请公公饶恕。"这个宦官平时听说过陈全的名字，就说："听说陈全很会说笑话，你说个一个字的笑话，能让我笑了，才能放你。"陈全说："屁。"宦官说："这叫什么笑话？"陈全说："放也由公公，不放也由公公。"宦官忍不住笑了，就把陈全放了。

【点评】

这是个应用双关语的故事。

"放也由公公，不放也由公公。"这句双关语所说的"放"，明是说"放屁"，实则是说"放陈全"，"放"陈全由这位公公，"不放"陈全也由这位公公。这句双关语的精妙之处即在于此。

陈全思维敏捷，机智幽默，仅讲了一个一个字的笑话"屁"，双关语应用得巧妙，又恰到好处，把公公逗笑了，还被免去了误闯禁地的罪过。这个笑话虽然有点不雅，但这个双关语运用得实在是妙啊。

20. 吴中门子

吴中[①]门子[②]，多工唱者，然于官长前，多不肯唱。一日，吴曲罗节推[③]，同余辈在分署校阅文卷，适夜将半，曲罗命长洲门子唱曲，其侪[④]彼此互推，皆谓不能。曲罗曰：“不唱者打十板。”方打一板，皆争唱。曲罗笑曰：“从来唱曲，要先打板。”

——选自〔明〕江盈科《雪涛谐史》

【注释】

①吴中：今江苏吴县一带，泛指春秋时期吴国所管辖的地域。

②门子：旧时差役。

③节推：“节度推官”的略称，为节度使属官，掌勘问刑狱。

④侪（chái）：等辈，同类的人们。

【译文】

吴中地区的差役，大多擅长唱曲儿，然而在官长面前，都不好意思唱。一天，吴曲罗节度推官，和同僚在分署校阅文卷，恰巧到了半夜。

吴曲罗让长洲差役唱个曲儿，他们互相推诿，都说不会唱。吴曲罗说：“不唱的打十板。”刚打了一板子，差役们就都争着唱起来了。吴曲罗笑道：“从来唱曲，要先打板。”

【点评】

这是个应用双关语的故事。

吴曲罗让差役们唱曲，缓解一下校阅文卷到半夜的疲累，差役们相互推诿，吴曲罗佯怒说“不唱的打十板”，结果差役们争先唱曲。吴曲罗笑着说：“从来唱曲，要先打板。”

这句双关语所说的“板”，明是说唱曲打拍子用的“檀板”，实则是说打人用的“板子”，因为他把不唱曲的差役“打了一板子”，差役们就争先唱起了曲。这句双关语的妙处即在于此，吴曲罗利用双关语，一是为自己打了差役的“一板子”的行为解了嘲，二是应和了“唱曲先打板”习俗。

21. 酒薄

有卖酒者，夜半或[1]持钱来沽酒[2]，叩门不开，曰："但从门缝投进钱来。"沽者曰："酒从何出？"酒保曰："也从门缝递出。"沽者笑，酒保曰："不取笑，我这酒儿薄薄的。"

——选自〔明〕江盈科《雪涛谐史》

【注释】

①或：某人，有的人。

②沽酒：买酒。

【译文】

有一家卖酒的，半夜有人拿着钱来买酒，敲门敲不开。酒保说："从门缝儿把钱塞进来吧。"买酒的说："酒从哪儿送出来？"酒保说："也从门缝儿递出去。"买酒的笑了，酒保说："不是开玩笑，我这酒儿薄薄的。"

【点评】

这是个单纯的双关语故事。

如题“酒薄”之意，就像酒保说的：“不是开玩笑，我这酒儿薄薄的。”这句双关语虽是借酒保之口说出了酒薄的事实，但实则是用门缝递酒的笑话，辛辣地挖苦了往酒里掺水卖淡酒的无良商家。

22. 只见萝卜不见鸡

有学博[①]者，宰鸡一只，伴以萝卜制馔[②]，邀青衿[③]二十辈飨[④]之。鸡魂赴冥司[⑤]告曰："杀鸡供客，此是常事，但不合[⑥]一鸡供二十余客。"冥司曰："恐无此理。"鸡曰："萝卜作证。"及拘萝卜审问，答曰："鸡你欺心，那日供客，只见我，何曾见你。"

——选自〔明〕江盈科《雪涛谐史》

【注释】

①学博：学官。唐代的府郡设置经学博士，以五经教授学生，后泛称学官为学博。《儒林外史》第三十六回："这人大是不同。不但无学博气，尤其无进士气。"

②馔：饭食，吃喝。

③青衿：指学子，读书人。

④飨（xiǎng）：用酒食招待客人。

⑤冥司：阴间，亦指阴间的长官。

⑥不合：不该，不应当。

【译文】

有个学官宰了一只鸡，伴以萝卜做成饭食，邀请二十个学子一起吃。鸡死后，灵魂到阴间阎王处告状："杀鸡给客人吃，这是常事，但不该一只鸡供二十多个客人吃。"阎王说："恐怕没有这个道理。"鸡说："萝卜可以作证。"阎王拘来萝卜审问，萝卜回答说："你这鸡太昧良心了，那天给客人吃的饭食，只看见有我，什么时候看见你了？"

【点评】

这是个单纯的双关语故事。

如题"只见萝卜不见鸡"之意，本来鸡在阎罗殿状告学博，请萝卜作证。没想到还有反转，萝卜的话精彩之极："你这鸡太昧良心了，那天给客人吃的饭食，只看见有我，什么时候看见你了？"哈哈，原以为吝啬的学博用一只鸡糊弄二十个学生，万万没想到，实际饭菜中居然只有萝卜没有鸡肉。

"只见萝卜不见鸡"，这句双关语不仅反转抢了风头，还令抠门到家的学博形象跃然纸上，一个吝啬的词汇都没有提及，却一针见血，"杀人"于无形之中。

23. 一代不如一代

一宦家[①]池亭[②]，广畜水鸟，若仙鹤、淘河[③]、青鸱[④]、白鹭[⑤]皆备。有来观者，小大具列。适外彝[⑥]一人，乍至其地，不识鸟名，指仙鹤问守者曰："此何鸟？"守者诳曰："这是尖嘴老官。"次问淘河，诳曰："是尖嘴老官令郎。"又问青鸱，诳曰："是他令孙。"问白鹭，诳曰："是他玄孙。"问者叹曰："这老官枉费大，只是子孙一代不如一代。"

——选自〔明〕江盈科《雪涛谐史》

【注释】

①宦家：官宦人家。

②池亭：池塘与亭子。

③淘河：鹈鹕（tíhú）的别名，一种水鸟。

④青鸱（chī）：一种水鸟。

⑤白鹭：一种水鸟，也叫鹭鸶。

⑥外彝（yí）：亦作"外夷"，指外族。这里指外地人。

【译文】

一位官宦人家的池塘、亭畔，养了很多水鸟，如仙鹤、淘河、青鸱、白鹭都有。有来观看的，大大小小的水鸟聚在一起。恰有一个外地人，初次来到这里，不认识鸟的名字，指着仙鹤问看守的人说：“这是什么鸟？”看守人骗他说：“这是尖嘴老官儿。”来人接着问淘河，看守人骗他说：“这是尖嘴老官儿的儿子。”来人又问青鸱，看守人骗他说：“这是他的孙子。”再问白鹭，看守人骗他说：“这是他的玄孙。”来人叹了口气，说：“这老官儿枉费自大，只是子孙一代不如一代。”

【点评】

这是个单纯的双关语故事。

看守人诓骗不识鸟的人，说“仙鹤”是“尖嘴老官儿”，“淘河”是“尖嘴老官儿的儿子”，“青鸱”是“尖嘴老官儿的孙子”，“白鹭”是“尖嘴老官儿的玄孙”。“仙鹤”比“淘河”大，“淘河”比“青鸱”大，“青鸱”比“白鹭”大，所以看鸟的人说：“子孙一代不如一代。”

这句双关语明是说“鸟”，实则是说“人”：别看这老官儿妄自尊大，可惜子孙一代不如一代。嘲讽了那些子孙后代一代不如一代的达官贵人，也真真应了那句“富不过三代”的老话。

24. 屁颂文章

一秀才数尽[①]，去见阎王，阎王偶放一屁，秀才即献《屁颂》一篇曰："高竦[②]金臀，弘宣宝气，依稀乎丝竹之音，仿佛乎麝兰之味，臣立下风，不胜馨香之至。"阎王大喜，增寿十年，即时放回阳间。十年限满，再见阎王。这秀才志气舒展，望森罗殿[③]摇摆而上。阎王问是何人，小鬼回曰："是那做屁文章的秀才。"

——选自〔明〕赵南星《笑赞》

【注释】

①数尽：应有的寿命到头了。

②竦（sǒng）：通"耸"，高起，直立。

③森罗殿：又名森罗宝殿，阎王居住的殿堂。

【译文】

一个气数已尽的秀才，死后去拜见阎王爷。阎王偶然放了一个屁。秀才立即献上《屁颂》一篇，说："啊，多么尊贵的金臀啊，放出宏大响亮的宝贵之气！好像听到美妙的丝竹之音，仿佛闻到馨香四溢的麝兰之味。我正好站在下风，不能承受如此馨香之气！”阎王听后非常高兴，为秀才增寿十年，立即放回阳间。十年期满，秀才又来拜见阎王。这秀才志气舒展，望着森罗殿大摇大摆地走上前去。阎王问下站何人，小鬼回答："就是那做屁文章的秀才。"

【点评】

这是个单纯的双关语故事。

如题“屁颂文章”，秀才面对阎王，闻屁献谄，做了一篇《屁颂》。阎王一高兴，给秀才增寿十年。十年过后，秀才来见阎王。阎王问是何人，小鬼回答："就是那做屁文章的秀才。"

“就是那做屁文章的秀才”这句双关语，明是指为阎王做《屁颂》的秀才，实则是指文章做得很糟糕的读书人，嘲笑了那些文章做得非常臭的秀才。

25. 勿动手

樵夫担柴，误触医士。医怒欲挥拳，樵夫跪曰："宁受脚踢，勿动尊手。"旁人讶之，樵夫曰："脚踢未必就死，经了他的手定然不活！"

——选自〔明〕陈眉公《时兴笑话》

【译文】

樵夫挑着柴，不小心碰撞了位大夫。大夫很生气，挥拳就要打樵夫。樵夫跪下说："宁愿挨脚踢，您可千万别动手。"旁边的人听了很惊讶，樵夫说："脚踢不一定就死，经他的手肯定活不了。"

【点评】

这是个单纯的双关语故事。

这个故事如题"勿动手"之意，是指旧时那些拿人钱财却治不了病、救不了命的庸医："脚踢不一定死，经他的手肯定活不了。"宁可被脚踢，也不敢请庸医动手，因为庸医出手，不被治死也好不哪去。樵夫的一句玩笑，却嘲讽了旧时无医德、无医术的庸医之流。

26. 不请客

一吝者，家有祷事[①]，命道士请神，乃通陈[②]请两京神道。主人曰：“如何请这远的？”答曰：“近者都晓得你的，说请他，他也不信。”

——选自〔明〕冯梦龙《笑府》

【注释】

①祷事：祷告祈求神灵的事。

②通陈：祷告，祷祝。

【译文】

有个很吝啬的人，家中遇有需要祈求神灵的事，让道士请神。道士祷告祈请两京的神道，主人问：“为什么请这么远的神？”道士回答说：“近处的都是知道你的（吝啬），说你请他，他也不相信啊。”

【点评】

这是个单纯的双关语故事。

这个故事如题“不请客”之意，道士借请远神之名，告诉舍不得请客吃饭的吝啬主人：“近处的都是知道你的（吝啬），说你请他，他也不相信啊。”

这句双关语的意思是：近处的人都知道你，你说要请客，人家也不会相信的。嘲讽了那些舍不得请客吃饭的吝啬之人。

27. 防人贰心

何仙姑[①]独居洞中，曹国舅[②]访焉。有顷[③]，洞宾[④]至，仙姑恐其疑猜，因用幻术化国舅为丹，吞入腹中。未几，群仙皆至，仙姑自避嫌疑，请洞宾化姑为丹，吞至腹中。群仙问："洞宾何为独处于此？"洞宾支吾以对。群仙笑曰："岂但洞宾肚里有仙姑，谁知仙姑肚里更有人。"

——选自〔明〕冯梦龙《广笑府》

【注释】

①何仙姑：八仙之一，女仙。

②曹国舅：八仙之一，男仙。

③有顷：不久，一会儿。

④洞宾：吕洞宾，八仙之一，男仙。

【译文】

何仙姑独自住在洞中，曹国舅来拜访。坐了一会儿，吕洞宾又来了。何仙姑怕吕洞宾猜疑，便用幻术把曹国舅化为丹丸，吞进自己肚子里。不一会儿，群仙都来了，何仙姑为避嫌疑，请吕洞宾把自己化为丹丸，吞进肚子里。群仙问：“洞宾为什么独自在这里？”吕洞宾支支吾吾不知说什么好。群仙笑道：“岂但洞宾肚里有仙姑，谁知仙姑肚里更有人。”

【点评】

这是个单纯的双关语故事。

这个故事如题“防人贰心”之意，大千世界，害人之心不可有，但防人之心不可无。俗话说得好，八仙过海各显神通，但是“岂但洞宾肚里有仙姑，谁知仙姑肚里更有人。”

这句双关语不是特指某人或某事，一说是告诫陷入爱河的痴情男女，要警醒喜爱的人对自己是不是一心一意，是不是怀有二心；一说是告诫身在职场的精英们，虽然各个身经百战，但也要小心你的猪队友，你的对手，甚至你的客户，是不是脚踏两只船，不得不“防人贰心”。知彼知己，才能百战不殆。

28. 嘲富人为贼

昔一人出外为商，不识字。船泊于江心寺，边携友游寺。见壁上写“江心赋”三字，连忙走出唤船家曰：“此处有‘江心贼’，不可久停。”急忙下船。其友之曰：“不要忙，此是‘赋’，不是‘贼’。”其人摇头答曰：“赋（富）便是赋（富），有些‘贼’形。”

——选自〔明〕无名氏《华筵趣乐谈笑酒令》

【译文】

从前有个人出外经商，识字不多。船停泊在江心寺，和朋友去寺里游览。见墙壁上写着《江心赋》三个字，连忙走出来招呼船家：“此处有‘江心贼’，不可久停。”急急忙忙下船。他的朋友告诉他说：“不要忙，不要忙，这是‘赋’，不是‘贼’。”这人摇着头回答说：“赋（富）倒是赋（富），只是有些‘贼’模样。”

【点评】

这是个单纯的双关语故事。

这个识字不多的经商之人，把“江心赋”看成“江心贼”，听起来有些好笑，但是细细琢磨一下商人的话“赋（富）倒是赋（富），只是有些‘贼’模样”，却也不是空穴来风。一些见财起意的贼人，靠旁门左道发家致富，确实有“贼模样”。

这个双关语利用“赋”与“富”的谐音、“贼”与“贼”的形似，巧妙地嘲讽了那些为“富”不仁的家伙总是有些“贼”模样。

29．有钱村牛

春秋间，麟[①]出鲁西郊，野人[②]不知为瑞，乃击杀之。孔子往观，掩袂[③]而泣。门人[④]恐其过伤，乃以铜钱妆一牛，告夫子曰：“麟尚在，可无伤也。”夫子拭泪观之，叹曰：“此物岂是祥瑞，只是一个有钱村牛[⑤]耳。”

——选自〔明〕冯梦龙《广笑府》

【注释】

①麟：传说中象征太平、长寿的吉祥神兽，雄性称麒，雌性称麟。

②野人：旧指居于国城的郊野之人。

③袂：衣袖，袖口。

④门人：这里指门生、弟子。

⑤村牛：对文盲的贬称。《醒世恒言·卖油郎独占花魁》：“那主儿或是年老的，或是貌丑的，或是一字不识的村牛。”

【译文】

春秋时期，麒麟出现在鲁国的西郊，村里人不知道这是吉祥的征兆，把麒麟打死了。孔子前去观看，用袖子遮住脸哭起来。孔子的学生怕老师过于悲伤，就用铜钱妆饰起来一头牛，告诉孔子说：“麒麟还活着，不必悲伤了。”孔子擦擦眼泪一看，叹息说：“这东西哪里是祥瑞，只不过是一个有钱的村牛罢了。”

【点评】

这是个单纯的双关语故事。

这个双关语故事明是说“牛”，实则说“人”。借孔子之口说：“这东西哪里是祥瑞，只不过是一个有钱的村牛罢了。”这东西哪是什么吉祥物，只不过是个有钱的蠢牛吧，嘲笑了那些有钱的蠢人。

30. 道号非人

党太尉性愚騃[①]，友人致书云："偶有他往，借骏足[②]一行。"太尉惊曰："我只有双足，若借与他，我将何物行路？"左右告曰："来书欲借马，因致敬，乃称骏足。"太尉大笑曰："如今世界不同，原来这样畜生，也有一个道号[③]。"

——选自〔明〕冯梦龙《广笑府》

【注释】

①愚騃（ái）：愚笨痴呆。

②骏足：良马，骏马。

③道号：修道隐逸者的别号，泛指别号。

【译文】

党太尉性情愚钝，朋友来信说："偶尔有事外出，借骏足一用。"太尉吃惊地说："我只有一双脚，如果借给他，我用什么东西走路？"属下告诉他说："信上说的是想借马，因为对您尊敬有加，因此称为'骏足'。"

太尉大笑道："如今的世道不同了，原来这样的畜生也有一个道号。"

【点评】

这是个单纯的双关语故事。

这个双关语故事所说的"畜生"，明是说"马"，实则说"人"。借党太尉之口："原来这样畜生，也有一个道号。"如今世道变了，这么个玩意儿竟然也有一个道号，嘲讽了那些浅薄无知却想附庸风雅的人。

31. 但能言之

儒者闻海岛石人能言，往叩之，石人问：“亲存否？”对曰：“存。”石人曰：“‘父母在，不远游’①。尔何至此？”儒者无以对。一道者闻斯言，自谓吾亲不存，可以往见。石人问：“亲存否？”道者曰：“不幸二亲早逝，因得远游。”石人曰：“吾闻‘家有《北斗经》，父母保长生’②，何为俱早逝？”道者亦无以对。既而儒道相会，共议石人明道理，欲邀至中土③示教诸人，石人叹而答曰：“你不知，我但能言之，不能行之。”

——选自〔明〕冯梦龙《广笑府》

【注释】

①父母在，不远游：《论语·里仁第四》中说：“子曰：‘父母在，不远游，远游必有方。’”这话是说：父母在堂之日，不可往远处游走，若不得已而出游，必须说明出游方向。

②家有《北斗经》，父母保长生：《北斗经》是道教典籍，全称是《太上玄灵北斗本命延生真经》，经中有“家有《北斗经》，父母保长生”一语。

③中土：中原。

【译文】

有个儒生听说海岛上的石人会说话，就前往叩见。石人问："双亲在吗？"儒生回答说："在。"石人说："'父母在，不远游'。你为什么到这里？"儒生无法回答。一位道士听说了这话，以为自己的双亲不在了，可以前往叩见。石人问："双亲在吗？"道士说："不幸双亲早逝，因此得以远游。"石人说："我听说'家有《北斗经》，父母保长生'，为什么都早逝了呢？"道士也无法回答。后来儒生和道士会面，都认为石人明白道理，想邀请他到中原来示教乡人。石人叹了一口气后回答："你不知道，我只能说说，不能行动。"

【点评】

这是个单纯的双关语故事。

这个双关语故事是讲给那些只会说不会做的人："你不知道，我只能说说，不能行动。"

这句双关语所说的"不能行动"，明指故事中的石人"只能说说，不能行动"，实则暗指光说不练、只动嘴不动手的人。

俗话说，光说不练假把式。此处双关语嘲讽了那些只会指手画脚、耍嘴皮子，但却不会拿出实际行动的家伙，是什么事都干不成的。

32. 假假真真

有开池蓄鱼者，患鸟窃食，乃束草像人形，戴笠披蓑，置池中恐吓[①]之。鸟玩狎，知非真人，每衔鱼，立笠顶食饱飞去，作声曰："假假假。"主人无奈何，乃撤去草人，自着蓑笠，伺立[②]池中。鸟玩为草人，取鱼如故。主人引手擒之，大笑曰："汝每日道'假假假'，今日却撞着真的了。"

——选自〔明〕冯梦龙《广笑府》

【注释】

①恐吓：吓唬。

②伺立：站着等候。

【译文】

有人开了个水池养鱼，担心鸟来偷鱼吃，就扎了个稻草人，头戴斗笠，身披蓑衣，立在水池中吓唬鸟。鸟站在稻草人上玩耍，知道不是真人，每当叼了鱼，就落在斗笠顶上吃饱了才飞走，还叫着："假假假。"

主人无可奈何，就撤去稻草人，自己披上蓑衣，戴上斗笠，站在水池中等候。鸟以为还是稻草人，和过去一样叼了鱼落在斗笠上。主人伸手就捉住了鸟，大笑道："你每天说'假假假'，今天可撞上真的了。"

【点评】

这是个单纯的双关语故事。

小鸟几次三番来偷鱼，还明目张胆叫着"假假假"，因为屡次偷鱼成功，放松了警惕和戒心。殊不知，"假亦真来真亦假"，主人将计就计，装扮成了稻草人。小鸟再次偷鱼依旧落在稻草人的斗笠上时，也就落入了主人的掌控之中："今天可撞上真的了。"

这个双关语的故事，是讲给屡做坏事终究被抓的恶人的："你每天说'假假假'，今天可撞上真的了。"告诫人们不要做坏事，否则迟早会被抓到，正所谓"法网恢恢、疏而不漏"。

33．做者不羞

一儒生吟诗云："风吹柳线千条绿，日映桃花万点红。"一人为之改曰："何人细数过，却用'千''万'字，不若用'条条''点点'字安稳。"吟者曰："翁善修诗，敢请另做一首。"改者对曰："做的不修，修的不做。"

——选自〔明〕冯梦龙《广笑府》

【译文】

有个书生吟诗说："风吹柳线千条绿，日映桃花万点红。"有个人为他修改，且说："什么人仔细数过，就用'千''万'字，不如用'条条''点点'更稳妥些。"书生说："老先生善于修改诗句，敢请另做一首。"改诗的人回答："做的不修，修的不做。"

【点评】

这是个单纯的双关语故事。

这个故事如题"做者不羞"之意，借修改诗人的口说道："做的不修，修的不做。”

“做的不修，修的不做”，明是说“做诗”，实则说“做事”，利用“修”与“羞”的谐音，其意思是：所做的事不能是羞耻的，羞耻的事不能去做。告诫人们做事要光明磊落，不做不体面的事，如题“做者不羞”所示。

34．被人搬坏

寺僧塑释迦佛[1]与老子[2]同坐。一道士见之，不甘老子居次，乃曰：“吾老子生于周，至后汉方有佛法。”因移老子居首位。寺僧又谓：“吾佛神通广大，当居老子上。”复移转左位[3]。二家争竞不已，搬移十数次，土像殊[4]损坏。老子与佛叹曰：“我两人过得好好的，无端被这几个小人搬坏了。”

——选自〔明〕冯梦龙《广笑府》

【注释】

①释迦佛：释迦牟尼佛，佛教创立者。

②老子：太上老君，道教学派创始人。

③左位：上首的座位。

④殊：特别，很。这里是严重的意思。

【译文】

寺中僧侣为释迦牟尼和老子塑了圣象，并排同坐。释迦牟尼居于左位，老子居于右位。一个道士见后，不甘心老子居下首，就说："我们太上老君出生于周朝，到了后汉时期才有了佛法。"于是把老子的圣象移到左位。寺中僧侣说："我们释迦牟尼佛神通广大，应该居于老子之上。"又把释迦牟尼的圣象移回左位。道士与僧侣争执不休，将圣象搬移十多次，泥塑的圣象严重损坏。老子和释迦牟尼慨叹："我们两人本来过得好好的，无缘无故被这几个小人搬坏了。"

【点评】

这是个单纯的双关语故事。

这个双关语故事所说的"搬坏了"，明是说"圣象"被寺僧、道士"搬坏了"，实则是说人际关系被居心不良的小人挑拨坏了，借二位圣贤之口："我们两人本来过得好好的，无缘无故被这几个小人搬坏了。"本来好好的关系，相安无事，却被几个小人挑拨坏了。这句双关语抨击了那些喜欢从中挑拨是非的小人。

35. 养凫搏兔

昔有人将猎而不识鹘[①]，买一凫[②]去，原上兔起，掷之使击，凫不能飞，投于地，再掷之，又投于地。其人愤而弃之。凫蹒跚[③]自陈曰："我鸭也，杀而食之乃其分，奈何责我搏[④]击之能乎？"且举掌而示猎者曰："你看我这脚手，可能搏得他兔否？"

——选自〔明〕冯梦龙《广笑府》

【注释】

①鹘（hú）：隼，饲养驯熟后，可以帮助打猎。

②凫：一种水鸟，俗称"野鸭"，会飞。文中说的"凫"不是野鸭，是指家鸭。

③蹒跚：腿脚不灵便，走路缓慢、摇摆。

④搏：这里指捕捉的意思。

【译文】

从前，有个人要去打猎，但不认得鹰隼，买了一只鸭子就去了。原野上窜出一只兔子，猎人扔出鸭子，让它去抓兔子。鸭子飞不起来，摔落在地上。猎人再一次把鸭子扔出去，鸭子又摔落在地上。猎人很生气地丢弃了鸭子。鸭子摇摇摆摆地向猎人解释说：“我是鸭子啊，被杀了吃肉是我的本分，为什么责怪我没有抓兔子的本领呢？”鸭子举起脚掌让猎人看：“您看我这脚掌，能够抓得住兔子吗？”

【点评】

这是个单纯的双关语故事。

如题“养凫搏兔”之意，猎人用鸭子抓兔子，本就是“赶鸭子上架”的事，鸭子如果能抓住兔子，还要鹰隼干吗？

故事中的双关语借以鸭子的口吻，对赶鸭子上架的猎人说：“您看我这脚掌，能够抓得住兔子吗？”这句双关语明说是指“鸭子”，实则是在说“人”，告诫职场人士，要善用人才，如果用非其人，用违所长，“赶鸭子上架”是不可能把事情做好的。

36．且只说嘴

京师[①]选将军，群聚以观。山东一人曰："此辈未为魁伟，吾乡一巨人，立则头顶栋[②]而脚踏地。"山西一人曰："吾乡一巨人，坐地而头顶栋。"继而陕西一人曰："此皆未为奇，吾乡一巨人，开口时上唇抵栋，下唇搭地。"傍有难者曰："然则身何居乎？"陕人曰："且只说嘴[③]罢。"

——选自〔明〕冯梦龙《广笑府》

【注释】

①京师：京城。

②栋：屋顶最高处的横梁。

③说嘴：耍嘴皮子，吹牛皮，说大话。

【译文】

京城里选拔将军，人们聚集观看。来自山东的人说："这个人长得不算魁梧，我们家乡有个巨人，站起来头顶屋梁脚踏地。"来自山西的人说："我们家乡有个巨人，坐地就可头顶屋梁。"接着来自陕西的人说："这些都不足为奇，我们家乡有个巨人，张开嘴时，上嘴唇抵屋梁，下嘴唇搭地。"旁边有人质问他："那这人的身子在哪里呢？"陕西人说："暂且只说嘴罢。"

【点评】

这是个单纯的双关语故事。

京城选将，围观群众各个要为自己家乡人长脸，结果一个比一个能说大话，从"头顶屋梁脚踏地"到"坐地就可头顶屋梁"，再到"上嘴唇抵屋梁，下嘴唇搭地"，说大话说得人都找不到身子，要不了脸，最终"且只说嘴"。

这个故事如题"且只说嘴"之意，运用双关语，嘲讽了吹牛皮、说大话的人，只能让嘴巴痛快，过过嘴瘾，但是不能不要脸吧。

37. 须寻生计

人有好誉[①]者，术士[②]知其癖[③]，造门[④]相面[⑤]，极言称许，且曰：“足下只消这双大眼睛，一生受用不尽。”主人喜甚，留款数日，而厚赠之。术士临别，执手相告曰：“复有一语，君当记之。”主人问何语，术士曰：“足下也须寻些活计，不可全靠这双眼睛。”

——选自〔明〕冯梦龙《广笑府》

【注释】

①好誉：喜欢好的声誉及溢美之词。

②术士：以占卜、相面等为职业的人。

③癖：偏好，嗜好。

④造门：登门，上门。

⑤相面：通过观看脸部特征来判断人的吉凶祸福。

【译文】

有个人喜欢听人奉承，一个术士知道了他的癖好，登门给他相面，极力夸赞他的相貌好，并说："您仅凭这双大眼睛，就一辈子受用不尽。"主人非常高兴，留术士款待数日，且厚礼相赠。术士临走，拉着主人的手说："我还有一句话，您应当记下。"主人问什么话，术士说："您也得找点儿活干，不能全靠这双眼睛。"

【点评】

这是个单纯的双关语故事。

这个故事如题"须寻生计"之意，虽然现在是个看颜值的时代，但仅凭相貌，光凭颜值，没有其他附加本事，还是混不上饭吃的。

相貌好、颜值高，多半是父母的遗传基因。靠颜值混青春饭，总有青春不在、容颜老去的一天。人生在世，总得学会一门谋生的技能，不能因为颜值高就游手好闲，虚度光阴。

38. 蔡潮

方伯[①]蔡潮[②]，谈笑风生。有同官[③]迎都宪[④]于江中，冬月群拥炉坐。公至，哄然曰："蔡公至矣！请一谑谈[⑤]！"蔡曰："无也，但昨闻江中盗劫商船，俱檀降牙香[⑥]。相与谋曰：'卖之利微，弃之可惜，吾辈为此事久矣，向赖天保护，盍[⑦]焚此香答之？'香气透天，上帝将谓人间作好事，令二力士[⑧]访之。力士回报曰：'非也，乃一群老强盗在此向火耳！'"满座大笑。

——选自〔明〕冯梦龙《古今谭概》

【注释】

①方伯：殷周时代一方诸侯之长，后泛称地方长官。

②蔡潮：字巨源，号霞山，明代临海城关人，嘉靖元年移任福建右参政，筹措督运军粮、协力抗倭有功，官至刑部尚书，作为颇多。

③同官：在同一官署任职的人，即同僚。

④都宪：都察院、都御史的别称。

⑤谑谈：开玩笑，说笑话。

⑥檀降牙香：檀香、降香、牙香是三种树木，檀降牙香是指用这三种木料制成的香。

⑦盍：何不。

⑧力士：佛、道的护法神。

【译文】

蔡潮是位地方长官，喜欢调侃，谈笑风生。一次，有同僚到江上去迎接都御史，冬月寒冷，大家围着火炉坐下取暖。蔡潮来了，大家纷纷说："蔡公来啦！请给我们讲个笑话吧！"蔡潮说："没有什么笑话。但昨天听说江上有伙强盗劫了商船，船上都是檀降牙香。强盗们相互商量说：'这东西卖吧赚钱太少，扔了又可惜。我们干这种事已经很久啦，一向依靠老天保佑，何不焚烧此香答谢老天？'于是焚香，香气冲天。上帝以为人间在做好事，派两位力士探访。力士回报说：'不是在做好事，就是一群老强盗在那烤火呢！'"蔡潮讲完，满座大笑。

【点评】

这是个应用双关语的故事。

冬月时分，江上迎接御史，同僚围坐火炉取暖。等候时，请蔡潮讲个笑话。蔡潮一本正经地说没有什么笑话，却借力士之口说："一群老强盗在那烤火呢！"

蔡潮说同僚们是"一群老强盗"并非恶意，只是在寒冷冬月迎候御史的间歇中逗同僚们开心一笑而已。蔡潮应用双关语，在寒冷的冬月给同僚们带来了温暖的欢笑。

39. 伐冢

子由[1]秉政，子瞻[2]在翰苑[3]。有故人欲干子由，因见子瞻，求其转言，冀得差遣[4]。公徐曰："旧闻一人贫甚，无以为生，乃谋伐冢[5]。遂破一墓，见一人裸体而坐，曰：'我杨王孙[6]也，无物济汝。'复凿一冢，用力颇艰，既入，见一王者，曰：'我汉之文帝[7]，遗制[8]圹中[9]无纳金玉，器皆陶瓦，汝可速出。'复二冢相连，乃先穿其左者，久之方透，见一人羸瘠[10]而有饥色，曰：'我伯夷[11]也，饿死首阳，安得应汝之求？'其人叹曰：'用力勤矣，竟无所获，不若更穿西冢，庶几有得。'羸瘠者谓曰：'劝汝别谋于他所。汝视我形骸如此，舍弟叔齐[12]岂能为人也。'"故人大笑而去。

——选自〔明〕冯梦龙《古今谭概》

【注释】

①子由：苏辙，字子由，四川眉山人，"唐宋八大家"之一，因反对王安石变法，出为河南推官。哲宗时，召为秘书省校书郎。

②子瞻：苏轼，字子瞻，号东坡居士，四川眉山人，"唐宋八大家"

之一，是宋代成就最高的文学家。

③翰苑：翰林院的别称。

④冀得差遣：希望得到委任官职。

⑤伐冢：盗墓。

⑥杨王孙，名贵，西汉城固人，久居长安，家累千金，却竭力提倡简葬。临终嘱其子："吾死，裸葬，以复吾真。"死后裸葬于终南山。

⑦汉之文帝：即汉文帝刘恒，以俭约节欲自持，是个谦逊克己的君王。汉文帝与其子汉景帝两代，史称"文景之治"。

⑧遗制：遗诏。

⑨圹（kuàng）中：墓穴，亦指坟墓。

⑩羸瘠（léijí）：弱小枯瘦。

⑪伯夷：商末孤竹君的长子，他和弟弟叔齐都不愿继承王位，先后去了周国。周武王伐纣，二人叩马谏阻。周武王灭商后，他们耻食周粟，采薇而食，饿死于首阳山。

⑫叔齐：伯夷的弟弟。

【译文】

苏辙（子由）执政，苏轼（子瞻）在翰林院任职。有个故交有求于苏辙，先见苏轼，请苏轼转达苏辙，希望给自己安排个差事。苏轼慢慢说道："从前有个人很穷，没有谋生的手段，就想去盗墓。他挖开一座坟墓，见一个人赤身裸体坐着，此人对盗墓者说：'我是汉朝的杨王孙，主张裸体安葬，没东西接济你！'盗墓者又挖开一座坟墓，费了很大力气，进入墓穴，见是一位帝王，帝王说：'我是汉文帝，死前留下遗诏，墓穴中不许放黄金美玉，都是陶器瓦器，没有值钱的东西，你快出去吧。'盗墓人又见两座坟墓相连，先挖开了东边这座，挖了好久才打通，见一个人瘦骨嶙峋，面有饥色，此人说：‘我是伯夷，饿死在首阳山，哪有东西满足你的要求？’盗墓人叹口气说：‘费了这么大力气，竟然一无所获，不如再挖开西边这座坟墓，或许能得到些收获。’瘦骨嶙峋的人说：‘劝你还是另作打算吧。你看我这副模样，我老弟叔齐会有能力帮助你吗？’”故人听后，大笑着离开了。

【点评】

这是个应用双关语的故事。

有故人索求，苏轼委婉地讲了一个盗墓的故事，借伯夷之口回复故人：“你看我这副模样，我老弟叔齐会有能力帮助你吗？”苏轼应用双关语，含蓄且幽默地表达无能为力之举：我弟弟苏辙和我一样，我们没有能力帮助你，你也不必再打扰他了。

苏轼没有正面直接拒绝故人的要求，而是应用双关语，以讲故事的形式，间接且婉转地答复故人，既没有扫故人的颜面，也没有伤到双方的情感，一举双得。

40. 不识平仄

一人延[①]馆宾[②]供膳饮酒，馆宾好饮不歇。内人教侍者斜侧[④]执瓶[⑤]，喻以酒尽之意，彼当自歇。宾犹不悟，内人从内呼曰：“快休请此先生，瓶侧（平仄）尚且不识。”

——选自〔明〕乐天大笑生《解愠编》

【注释】

①延：邀请，请。

②馆宾：指塾师或幕宾。

③侧（cè / zè）：1. 倾斜 2. 同仄。

④执瓶：拿着酒瓶。

【译文】

有一人家请私塾老师教孩子读书，给先生准备了饭食、酒菜。老师喜欢喝酒，喝起来没完没了。女主人让侍者斜拿着酒瓶，表示已经没有酒的意思，老师就应当别喝了。可是，老师一直没有醒悟。女主人在里屋说道："快别请这位先生了，瓶侧（平仄）都不懂得。"

【点评】

这是个单纯的双关语故事。

如题"不识平仄"之意，教书先生居然连"瓶侧（平仄）都不懂得。"

这句双关语利用"瓶侧"与"平仄"的谐音，说"快别请这位先生了，瓶侧（平仄）都不懂得"。意思是：别请这位先生了，他连平仄都不懂，嘲讽了那些没有真才实学的教书先生。

41. 合八卦

一术士[①]初出外境看风水，过一茂林，忽闻野鸦[②]鸣，听之似曰“合八卦”[③]，乃顾其仆曰：“我且急归矣，近来江湖间野鸟也会看风水。”

——选自〔明〕乐天大笑生《解愠编》

【注释】

①术士：以占卜、相面等为职业的人。

②野鸦：乌鸦。

③合八卦：乌鸦叫声“呱呱呱”，很像说“合八卦”。

【译文】

有个术士第一次到外地去看风水，路过一片茂密的树林，忽然听到乌鸦叫，听着像是在说“合八卦”，就对他的仆人说：“我们赶紧回去吧，近来江湖中的野鸟也会看风水了。”

【点评】

这是个单纯的双关语故事。

“江湖中的野鸟也会看风水了”，这句双关语明是说“乌鸦”，实是说“人”，很多不三不四的江湖骗子也来冒充风水先生。因此，人在江湖，识人很重要；江湖骗子多，大家须谨慎。

42. 茶酒争高

茶谓酒曰："战退睡魔功不少，助成吟兴更堪夸。亡家败国皆因酒，待客如何只饮茶？"酒答茶曰："瑶台[①]紫府[②]荐琼浆，息讼[③]和亲意味长，祭祀筵宾先用我，何曾说着淡黄汤[④]？"各夸己能，争论不已。水解之曰："汲井烹茶归石鼎，引泉酿酒注银瓶。两家且莫争闲气，无我调和总不成。"

——选自〔明〕乐天大笑生《解愠编》

【注释】

①瑶台：神话传说中神仙所居之地。

②紫府：神仙居住的宫殿。

③息讼：平息争讼。

④淡黄汤：指茶水。

【译文】

茶对酒说："战退睡魔功不少，助成吟兴更堪夸。亡家败国皆因酒，待客如何只饮茶？”酒回答茶说：“瑶台紫府荐琼浆，息讼和亲意味长．祭祀筵宾先用我，何曾说着淡黄汤？”茶和酒各夸自己的本领，争论不休。水劝解他们说：“汲井烹茶归石鼎，引泉酿酒注银瓶。两家且莫争闲气，无我调和总不成。”

【点评】

这是个单纯的双关语故事。

如题“茶酒争高”之意，茶和酒各夸自己的本领，争论不休。水劝解它们说：“两家且莫争闲气，无我调和总不成。”

这句双关语所说的“两家”，明是说“茶”和“酒”，实则说闹纠纷的双方；所说的“调和”，明是说有水“调和”才能有“酒水”和“茶水”，实则说有调解人“调和”闹纠纷的双方才能和解。意思是：你们两家不要斗闲气了，没我给你们调解哪儿成啊！告诫人们，纠纷双方需要有人劝解，有人给台阶就赶紧下了吧。

43. 笑人谈舌

昔有一人家，养一八哥，放在鼓边。其家每日佣工者归家来，以鼓为号。一日之间，不觉八哥跳在鼓上，跳得响。只见佣工者皆纷纷然归来。主人随而问曰："你众人往日回来，我以鼓为号，如何今日尚未曾打动一下鼓，如何就回？"佣工曰："因鼓响方回。"主人去看，见一八哥在鼓上跳，怒骂曰："你这死鸟，也来盘鼓[①]（古）。"

——选自〔明〕无名氏《笑海千金》

【注释】

①盘鼓："盘鼓"与"盘古"谐音，"盘古"指谈论历代兴亡之事。

【译文】

从前有一户人家，养了一只八哥，放在一面鼓旁边。他家的佣工每天收工回家，都是以敲鼓作为号令。有一天，八哥在鼓上跳来跳去，跳得很响，佣工们听到鼓声纷纷回来。主人问佣工们："你们往日回来，我以敲鼓作为号令，怎么今天还没敲一下鼓，你们就回来了？"佣工说："因为听到鼓响才回来的。"主人去看，见八哥正在鼓上跳，生气地骂道："你这死鸟，也来盘鼓（古）。"

【点评】

这是个单纯的双关语故事。

这个故事如题"笑人谈舌"之意，八哥在鼓上跳动，佣工们误以为是主人的敲鼓号令，纷纷下工回家。主人发现是八哥在鼓上跳，骂道："你这死鸟，也来盘鼓（古）。"

这句双关语明是说"八哥"，实则说"人"，借用"盘鼓"与"盘古"谐音，暗指你这小东西，哪有资格谈古论今。

44. 此狗正在嚼蛆

有一新官上任，一名里长要百只狗交官，买了九十九只，少了一只，无有买处，计将一只羊锯去其角，撞入狗内交官。官见羊嘴连动一动，问曰："这只狗如何嘴动？"里长答曰："此狗正在嚼蛆[①]。"

——选自〔明〕无名氏《笑海千金》

【注释】

①嚼蛆：也叫白嚼蛆，指胡言乱语、信口雌黄。《红楼梦》第七十五回："紫鹃笑道：'倒不是白嚼蛆，我倒是一片真心为姑娘。'"

【译文】

有一个新官上任，一名里长要交给新官100只狗。里长买到了99只，还差1只，实在买不到，想了一计，把一只羊锯去双角，混入狗群交差。新官见羊嘴一动一动的，问道："这只狗怎么嘴老在动？"里长答道："这狗正在嚼蛆。"

【点评】

这是个单纯的双关语故事。

新官上任，里长要用100只狗交差，买到99只，还差1只。最后用锯去双角的羊混入狗群，企图蒙混过关。没想到被新官发现，质问冒充狗的羊为什么嘴一直在动，里长急中生智答道：“这狗正在嚼蛆。”嚼蛆，也叫白嚼蛆，指胡言乱语。

这句双关语，明是说“狗”，实则说“人”，意思是：这人正在胡吹乱嗙瞎咧咧，揶揄了那些胡言乱语、信口雌黄的人。

45. 岂敢空扰

昔东坡与山谷[①]寓于金山寺[②]中，忽日打面饼吃，二人商议，今日造饼，莫待佛印[③]知之。后饼熟，算过数目，献于观音座前，殷勤拜而嘱曰："但愿寿增彭祖[④]，富及陶朱[⑤]。"不觉佛印预先乃匿于神帐中，偷取二饼。东坡拜完，起视，不见二饼，复跪倒祝曰："观音如此神通，吃去二饼，何不出来面见？"佛印在帐中答曰："我若有面，便搭你做几块吃，岂敢空来打搅！"

——选自〔明〕无名氏《华筵趣乐谈笑酒令》

【注释】

①山谷：黄庭坚，字鲁直，号山谷道人，诗歌方面与苏轼并称为"苏黄"，书法方面与苏轼、米芾、蔡襄并称为"宋代四大家"。

②金山寺：在江苏省镇江市西北长江南岸瓜洲的金山上，始建于东晋明帝时。

③佛印：俗姓林，名了元，字觉老，江西浮梁人，北宋金山寺僧人，与苏轼友善。宋神宗钦仰其道风，赠号"佛印禅师"。

④彭祖：彭铿，上古帝王颛顼的四世孙，传以长寿见称。

⑤陶朱：范蠡，字少伯，春秋末期楚国宛邑人，经商致富，人称陶朱公。

【译文】

从前，苏东坡和黄庭坚住在金山寺中。一天，他们做面饼吃，二人商量，这次做饼，不叫佛印知道。过了一会儿饼熟了，点了一下数目，把饼供献到观音菩萨神座前，恭恭敬敬顶礼膜拜，祷告说："但愿延年益寿似彭祖，财源茂盛如陶朱。"不料佛印预先已藏在神帐里，趁二人祷告偷了两块饼。苏东坡跪拜完，站起来一看，不见了两块饼，又跪倒祷告说："观音菩萨如此神通广大，吃了两块饼，为什么不出来面见？"佛印在神帐里回答说："我如果有面，就和你们一起做几块吃，怎么敢空来打搅呢？"

【点评】

这是个单纯的双关语故事。

佛印偷吃了苏东坡和黄庭坚供献于观音座前的面饼，躲在帐中说："我如果有面，就和你们一起做几块吃，怎么敢空来打搅呢？"

这句双关语所说的"面"，明是说"脸面"（苏东坡说"何不出来面见"），实则说"面粉"（佛印说"我若有面"）。这句双关语的意思是：我如果有面粉，就会和你们一起合伙做几块饼吃，怎么敢空着手来打搅你们呢？含蓄地说明自己没有面粉，所以来吃了你们两块饼。

46. 常吃别人

昔一鲤鱼一鲇鱼[①]相争斗口[②]，鲤鱼曰："你有甚么稀罕。我若一日变化，便会上天[③]。"鲤鱼曰："眼里有金星，身上有金鳞。桃花春浪暖，一跳过龙门。"鲇曰："眼里也无星，身上也无鳞。一张大阔口，常会吃别人。"

——选自〔明〕无名氏《华筵趣乐谈笑酒令》

【注释】

①鲇（nián）鱼：体表多黏液，全身无鳞，头扁口阔，吃小鱼、贝类、蛙等。

②斗口：斗嘴，吵嘴。

③上天：古代传说，黄河鲤鱼跳过龙门（指黄河从壶口而下的晋陕大峡谷最窄处的龙门，今称禹门口），就会变化成龙。

【译文】

从前，一条鲤鱼和一条鲇鱼斗嘴。鲤鱼说："你有什么稀奇的，我如果有朝一日有所变化，就能飞上天去。"鲤鱼又自夸说："眼里有金星，身上有金鳞。桃花春浪暖，一跳过龙门。”鲇鱼接话说：“眼里也无星，身上也无鳞。一张大阔口，常会吃别人。”

【点评】

这是个单纯的双关语故事。

鲤鱼自夸：“眼里有金星，身上有金鳞。桃花春浪暖，一跳过龙门。”与之斗嘴的鲇鱼借机接话：“眼里也无星，身上也无鳞。一张大阔口，常会吃别人。”

如题“常吃别人”之意，“一张大阔口，常会吃别人”的鲇鱼，是专吃白食者的生动概括。“眼里无星，身上无鳞”，干啥啥不会，除了白吃白喝、蹭吃蹭喝。

这句双关语“一张大阔口，常会吃别人”，明是说“鲇鱼”，实则是说“人”。在中国古代，有一种专门吃闲饭的人，都是豪门贵族豢养的，叫门客，又叫食客。也有一些贫寒之人，衣食无着，放不下架子务农经商，遇到有钱人或者亲戚朋友有婚丧嫁娶之事，不请自到，实际就是为了白吃一顿。这个双关语故事借鲇鱼之口嘲讽了那些只会白吃白喝、蹭吃蹭喝、干啥啥不会的白食者。

47．嘲出头被捉

黄雀、蚊虫、酒蠁[①]相会，各说本领。雀曰："七月新凉，五谷登场。主人未食，我已先尝。"蠁问曰："王孙一弹打来，有何商量？"雀曰："古人道：'人为财死，鸟为食亡。'"蚊虫曰："幽闺深院度春风，黄昏寂寂没人踪，红罗帐里佳人睡，被我偷来一点红。"鳖[②]听得风流之事，遂上岸，乃问："佳人睡觉，一掌打下，如何计较？"蚊曰："见此好风光，就死便何妨。"蠁曰："酒熟我先尝，良朋千万聚；沉醉倒金樽，才郎扶我起。"鳖曰："才郎不扶起，可不浸杀你。"蠁曰："荷钟[③]曾捉月，姓名千古说。"路人闻之来看，三物飞去，鳖被捉住。鳖曰："是非只为多开口，烦恼皆因强出头。"

——选自〔明〕无名氏《华筵趣乐谈笑酒令》

【注释】

①酒蠁（xiǎng）：酒、醋上的一种小飞虫。

②鳖：甲鱼，又名团鱼，俗称"王八"。

③荷（hè）钟：手持酒杯。

【译文】

黄雀、蚊子、酒罂相见，各说本领。黄雀说："七月新凉，五谷登场。主人没吃，我已先尝。"酒罂问道："王孙公子一颗弹丸打来，还有什么商量？"黄雀说："古人说：'人为财死，鸟为食亡。'"蚊子说："幽闺深院度春风，黄昏寂寂没人踪，红罗帐里佳人睡，被我偷来一点红。"鳖听到风流之事，就爬上岸，问道："佳人睡觉，一巴掌打下来，看你怎么办？"蚊子说："见此好风光，就死便何妨。"酒罂说："酒熟我先尝，良朋千万聚；沉醉倒金樽，才子扶我起。"鳖说："才郎不扶起，可不浸杀你。"酒罂说："荷钟曾捉月，姓名千古说。"一个路人听到来观看，黄雀、蚊子、酒罂连忙飞走，鳖被捉住。鳖说："是非只为多开口，烦恼皆因强出头。"

【点评】

这是个单纯的双关语故事。

这个故事如题"嘲出头被捉"之意，黄雀、蚊子、酒罂聚在一起，自吹自擂，不惜"人为财死，鸟为食亡""见此好风光，就死便何妨""荷钟曾捉月，姓名千古说"，各个夜郎自大，鳖听到后爬上岸强出头，一一怼过："佳人睡觉，一巴掌打下来，看你怎么办？""才郎不扶起，可不浸杀你。"没承想，一个路人过来，黄雀、蚊子、酒罂统统飞走，只有鳖来不及逃跑被捉，只剩哀叹："是非只为多开口，烦恼皆因强出头。"

这句双关语所说的"强出头"，明是说"鳖"从水中爬上岸，实则是指人们"出风头"。这句双关语告诫人们，口无遮拦、信口开河会惹出是非，争强好胜、爱出风头会给自己增添许多烦恼。

48. 无运先生

昔一乡师告考，试官以《明月》为题，师即吟诗一绝："团团离海角，渐渐出云衢[①]；此夜一轮满，清光何处无。"官曰："意思却好，乃是无韵[②]。"师答曰："只因无韵（运）[③]，方才教馆[④]；若有韵（运）时，去做官了。"

——选自〔明〕无名氏《华筵趣乐谈笑酒令》

【注释】

①云衢（qú）：云中的道路。

②无韵：不押韵。"衢"是"衣居"韵，"无"是"姑苏"韵，所以说不押韵。

③无运：命运不好。

④教馆：教书坐馆。

【译文】

从前，有个乡师参加科考，考官以《明月》为题，乡师即刻吟诵一首五绝：“团团离海角，渐渐出云衢；此夜一轮满，清光何处无。”考官说：“意思很好，就是没韵。”教书先生回答：“就是因为没韵（运），才去教书；如果有韵（运），就去做官了。”

【点评】

这是个单纯的双关语故事。

如题“无运先生”之意，一乡师参加科考，以《明月》为题吟五绝一首，考官对其五绝一诗的评价，意思很好，就是不押韵。乡师自嘲说：“就是因为没韵（运），才去坐馆；如果有韵（运），就去做官了。”

这句双关语，利用“韵”与“运”的谐音，充分体现了乡师怀才不遇的哀怨心情。

49. 嘲人说谎

昔有两亲家，男亲家至富，请女亲家到家，尽宝物献出，问曰："亲家，你家有无？"女亲家曰："你皆是死宝，何羡；我有二件活宝。"男亲家曰："何二件？"女亲家曰："有仙鹤与海马。"男亲家答曰："我要借看，可否？"女亲家遂约后日即来。

相辞回家，不胜忧闷。其子问父亲曰："为何忧闷？""我昨日在亲家面前说了两句谎话，思无计退他，故此忧闷。"其子曰："何二件？"父曰："我说有海马一匹，仙鹤一只。"子曰："退此何难之有，等他来。"

男亲家果来，其子将神袍一领与父穿着，坐于堂上，男亲家问曰："令尊？"答曰："家父有事往外去。""亲家约我来看海马、仙鹤。"子曰："都不在家，海马昨日被龙王借去游海，仙鹤被仙家跨去赴蟠桃宴。"亲家曰："堂上坐的是何神？"其子曰："是我家说谎大王。"

——选自〔明〕无名氏《华筵趣乐谈笑酒令》

【译文】

从前有两个亲家，男亲家非常富有，邀请女亲家到家来，把所有宝物拿出来给女亲家看，并问道："亲家，你家有没有？"女亲家说："你家的都是死宝，有什么值得羡慕的。我家有两件活宝。"男亲家说："哪两件？"女亲家说："仙鹤和海马。"男亲家说："我想借看一下，可以吗？"女亲家便约好后天来看。

女亲家告辞回到家，非常忧愁烦闷。他的儿子问他："为什么忧愁烦闷？"父亲说："我昨天在亲家面前说了两句谎话，想来想去没办法回复他，因此忧愁烦闷。"儿子说："哪两件？"父亲说："我说有一匹海马和一只仙鹤。"儿子说："这有什么为难的，等他来吧。"

过了两天，男亲家果然来了。女亲家的儿子让父亲穿上一件神袍，坐在堂上。男亲家问："你父亲呢？"儿子答："家父有事外出了。"男亲家说："你父亲约我来看海马和仙鹤。"儿子说："都不在家，海马昨天被龙王借去游海了，仙鹤被仙家骑走赴蟠桃宴了。"男亲家问："堂上坐的是什么神仙？"回答："是我家的说谎大王。"

【点评】

这是个单纯的双关语故事。

故事虽然很长，点睛之处就是故事结尾儿子说的一句话："是我家的说谎大王。"

如题"嘲人说谎"之意，说谎之人为了面子，信口开河，口无遮拦，结果撒下弥天大谎，自己都圆不了，逼得儿子不得不承认堂上端坐之人就是"我家的说谎大王"，极大地嘲讽了那些喜欢吹牛皮、说谎话的家伙。

50．贬中里人[①]

钟馗[②]生诞，其妹具酒一樽，捉一小鬼，复令一大鬼挑以庆贺，具柬云："酒一樽，鬼一个，聊奉尊兄充少贺；尊兄若嫌此鬼小，挑盒大鬼凑两个。"馗见书大喜，即命庖丁[③]烹之。小鬼谓大鬼曰："我被捉来，乃是无奈，谁叫你讨这担子挑。"

——选自〔明〕无名氏《华筵趣乐谈笑酒令》

【注释】

①中里人：此处指中间人。故事中的"中里人"指"大鬼"，他挑着"酒一樽，鬼一个"，居于中间，故而"中里人"。

②钟馗：民间传说中捉鬼驱邪的神——赐福镇宅圣君。

③庖丁：厨子，厨师。

【译文】

钟馗过生日，他的妹妹准备了一樽酒，捉了一个小鬼，又叫一个大鬼挑着去祝寿，在柬帖上写道："酒一樽，鬼一个，聊奉尊兄充少贺；

尊兄若嫌此鬼小，挑盒大鬼凑两个。”钟馗看了柬帖非常高兴，立即让厨子去烹两个鬼。小鬼对大鬼说：“我被捉来，实在无可奈何，你何苦来挑这担子呢。”

【点评】

这是个单纯的双关语故事。

如题“贬中里人”之意，大鬼本来是送礼的无辜挑夫，没想到居然被钟馗的妹妹摆了一道，连小命都搭进去了。难怪小鬼都替大鬼喊冤：“我被捉来，实在无可奈何，你何苦来挑这担子呢。”

这个双关语故事，明是说“大鬼”，实则是说“人”，因为多管闲事被牵连，揶揄了那些本不该遭殃而被连累受苦的无辜之人。

51. 嘲不识人

昔一女婿，痴蠢无能，妻教之曰："吾家世传[1]二轴古画，乃是'芳草渡头韩干[2]马'，'绿杨堤畔戴松[3]牛'，你若见画，以此二句称赞之。"后至岳丈家，岳丈果将画与婿观看，婿将妻教之言羡之。岳丈欢悦。后又买十八学士画一轴，召婿观看好否。婿一展开观之，乃曰："好一轴古画：却是'芳草渡头韩干马，绿杨堤畔戴松牛'。"同观者大笑。岳丈骂云："你只识牛识马，何曾识得人。"

——选自〔明〕无名氏《华筵趣乐谈笑酒令》

【注释】

①世传：世代相传。

②韩干：唐代画家，擅长画马，唐玄宗年间被召入宫，封为"供奉"。

③戴松：指唐代画家戴嵩，擅长画牛，传世作品有《斗牛图》。

【译文】

从前有个女婿，痴蠢无能。妻子教给他说："我家祖辈传下来两轴古画，一轴是‘芳草渡头韩干马’，一轴是‘绿杨堤畔戴松牛’，你要是见到这两轴画，就用这两句话称赞。”女婿后来到岳父家，岳父果然取出这两轴古画与女婿看，女婿就用妻子教的那两句话称赞一遍，岳父很高兴。后来，岳父又买了一轴十八学士画，招呼女婿观看好不好。女婿展开一看，就说：“好一轴古画，却是‘芳草渡头韩干马，绿杨堤畔戴松牛’。”一起观画的人都哈哈大笑。岳父骂道：“你只认识牛认识马，什么时候认识过人！”

【点评】

这是个单纯的双关语故事。

如题“嘲不识人”之意，岳父骂痴蠢的女婿：“你只认识牛认识马，什么时候认识过人。”这句双关语，借岳丈骂女婿之口，揶揄了那些糊涂人：从来不知道谁是好人，谁是歹人。

52. 酒煮白滚汤

有以淡水酒饮客者，客尝之，极誉[①]其烹庖[②]之妙。主人曰："粗肴尚未设，何以知之？"答曰："勿论其他，这一味酒煮白滚汤，已好吃不过了。"

——选自〔清〕陈皋谟《笑倒》

【注释】

①极誉：极力夸赞。

②烹庖（pēngpáo）：烹治，烹煮。

【译文】

主人用淡酒请客人喝，客人尝过后，极力夸赞主人烹调技艺高妙。主人说："连粗糙的菜肴还未准备，怎么知道烹调技艺高呢？"客人回答："不要说别的菜，这一味酒煮白开水，已好吃不过了。"

【点评】

这是个单纯的双关语故事。

如题“酒煮白滚汤”之意，客人虽嫌酒淡，却并不直接指出，反其道而行之，极力夸赞主人的烹调技艺高妙，而后一语点睛：“这一味酒煮白开水，已好吃不过了。”

这句双关语，客人将淡酒比喻成“酒煮白开水，已好吃不过”的反话评价，真是啪啪地打主人的脸啊。

53．嘲不还席

卖韭、卖蒜、卖葱、卖白菜四人常作酒会，独卖白菜者屡不还席，后卖韭、蒜、葱三人避之饮酒。卖白菜者忽又寻至，其三人商议欲讥其不还席意，曰：“今日此饮须将我四人本行中作一令。”卖韭者曰：“韭（久）饮他人酒。”卖蒜者曰：“算（蒜）来不可当。”卖葱者曰：“聪（葱）明人自晓。”卖白菜者曰：“白吃有何妨。”

——选自〔清〕陈皋谟《笑倒》

【译文】

卖韭菜、卖蒜、卖葱、卖白菜的四个人经常一起喝酒，只有卖白菜的屡屡不还席。后来，卖韭菜、卖蒜、卖葱的三个人，喝酒时就避开卖白菜的。卖白菜的忽然又找到他们，三个人商议，想讽刺卖白菜的不还席，说：“今天这次喝酒要以我们四个人的本行来行酒令。”卖韭菜的说：“韭（久）饮他人酒。”卖蒜的说：“算（蒜）来不可当。”卖葱的说：“聪（葱）明人自晓。”卖白菜的说：“白吃有何妨。”

【点评】

这是个单纯的双关语故事。

如题“嘲不还席”之意，卖韭菜、卖蒜、卖葱的三个人想给卖白菜的提个醒，不能光蹭吃蹭喝不还席，因此在席间行酒令：“韭（久）饮他人酒”“算（蒜）来不可当”“聪（葱）明人自晓”，如此明显暗示，卖白菜的心知肚明，居然厚着脸皮也行了个酒令：“白吃有何妨。”

这四句酒令都是双关语，前三者既表明自己的本行身份，也利用双关语揶揄了卖白菜的，而后者行的酒令虽然有厚颜无耻之嫌，但“白吃”二字，用得却是极妙，既回复了三个人的嘲讽，又表明了自己的行当，还给自己白吃白喝找了个冠冕堂皇的理由，人间极品啊。

54. 让鼠蜂

鼠与蜂结为兄弟，请一秀才主盟。秀才不得已而往，列之行三。人问曰："公何以屈于鼠辈之下？"秀才答曰："他两个一个会钻，一个会刺，我只得让他些罢！"

——选自〔清〕石成金《笑得好》初集

【译文】

老鼠和黄蜂结拜为兄弟，请秀才前去主持结拜仪式。秀才不得已去了，在老鼠和黄蜂之后排行老三。有人问："您为什么屈居于鼠辈之下？"秀才答道："他们两个一个会钻，一个会刺，我只得让他们些吧。"

【点评】

这是个单纯的双关语故事。

秀才屈居蜂鼠之下，因为"他们两个一个会钻，一个会刺，我只得让他们些吧"。老鼠善于钻洞，黄蜂善于用尾刺人，"钻"与"刺"指钻营、刺探，善于巴结有权有势的人。秀才不得已而为之，屈居老三。

这句双关语讽刺了那些靠钻营刺探、巴结权贵、依附权势的鼠辈。没有权势的秀才之流就不要与鼠辈争竞高低了。

55. 哑子说话

有一叫化子[①]，假装哑子[②]，在街市上化钱，常以手指木碗，又指自嘴曰："哑哑。"一日拿钱二文买酒，吃尽曰："再添些酒与我。"酒家问曰："你每尝来，不会说话，今日因何说起话来了么？"叫化子曰："向日无钱，叫我如何说得话？今日有了两个钱，自然会说了。"

——选自〔清〕石成金《笑得好》初集

【注释】

①叫化子：乞丐，叫花子。

②哑子：哑巴。

【译文】

有一个叫花子，假装哑巴，在街市上要钱，常用手指指木碗，又指指自己的嘴，说："哑哑。"一天，他拿出二文钱买酒，喝完后说："再给我添些酒。"酒家问他："你每次来，都不会说话，今天为什么说起话来了？"叫花子说："以前没钱，叫我怎么说得了话？今天有了俩钱儿，自然就会说了。”

【点评】

这是个单纯的双关语故事。

叫花子装哑巴讨生活，因为没有钱，因为穷。他有了点钱，就拿出二文钱买酒喝，对人说：“以前没钱，叫我怎能说的了话，今天有了俩钱儿，自然就会说了。”

有了钱就能开口说话，有了钱就有了发言权？这是一种不公平的社会现象。

56. 独管裤

一人谋做裤而吝布，连唤裁缝，俱以费布辞去。最后一缝匠云："只须三尺足矣。"其人大喜，买布与之，乃缝一脚管①，令穿两足在内。其人曰："迫甚，如何行得？"缝匠曰："你脱煞②要省，自然一步也行不开的。"

——选自〔清〕游戏主人《笑林广记》

【注释】

①一脚管：一条腿的裤子。

②脱煞：过了，太甚。

【译文】

有个人想做条裤子，又舍不得布，一连找了几个裁缝，都因为嫌费布辞退了。最后一个缝匠说："只用三尺就足够了。"那人非常高兴，买布交给了缝匠。缝匠缝了条一条腿的裤子，让他把两条腿穿进去。那人说："太紧了，怎么迈得开步？"缝匠说："你省得太甚，当然一步也迈不开啊。"

【点评】

这是个单纯的双关语故事。

一个吝布要做裤子的客人，一个省布为其做裤子的裁缝，按客人要求省布而做了独腿裤。客人要两腿一起穿进独腿裤，当然无法迈步。裁缝一语点睛："你省得太甚，当然一步也迈不开啊。"

这句双关语所说的"省"，明是说"省布"，实则是说"省钱"；所说的"迈不开"，明是说"迈不开步"，实则是说"行不通"。

此处双关语，借裁缝之口一语道破"省"的原则：节省，是美德；但过于节省，就行不通了。这句双关语告诫人们，该省则省，该花钱的地方也要舍得花，有舍才有得嘛。

57. 莫想出头

一性吝者，买布一丈，命裁缝要做马衣一件，裤一条，袜一双，余布还要做顶包巾[①]。匠每以布少辞去。落后一裁缝曰："我做只消八尺，倒与你省却两尺，何如？"其人大喜。缝者竟做成一长袋，将此人从头套至脚，用绳收紧。其人曰："气闷极矣。"匠曰："遇着你这悭吝鬼[①]，自然是气闷的。省是省了，要想出头却难哩。"

——选自〔清〕游戏主人《笑林广记》

【注释】

①包巾：头巾，包在头上的巾帕。

②悭吝（qiānlìn）鬼：吝啬鬼，小气鬼。

【译文】

有个吝啬的人，买了一丈布，让裁缝给他做一件马褂，一条裤子，一双袜子，剩下的布还要做一顶头巾。裁缝们都嫌布少不接这活儿。最后有个裁缝说："我做只用八尺，还给你省下两尺，怎么样？"那人非常高兴。没想到，裁缝竟然做成一个长口袋，把这人从头套到脚，布袋口用绳子扎紧。这人说：“气闷至极。”裁缝说：“遇着你这吝啬鬼，自然是气闷的。省倒是省了，要想出头却很难啊。”

【点评】

这是个单纯的双关语故事。

一个吝啬鬼买一丈布，要做一件马褂、一条裤子、一双袜子外加一顶头巾，根本不可能的事，却有个裁缝接了活，还要省两尺。结果吝啬鬼被裁缝装进一个长口袋，还用绳子扎紧了布袋口。吝啬鬼气闷至极，裁缝一语双关：“省倒是省了，要想出头却很难啊。”

这句双关语所说的“省”，明是说“省布”，实则是说“省钱”；所说的“出头”，明是说从长口袋里伸出头，实则是说“出人头地”。钱财倒是节省了，要想出人头地，可就很难咯。舍不得孩子套不着狼，不下血本，不下苦功，焉能出人头地？

58. 我不见了

一呆役解罪僧赴府，临行恐忘记事物，细加查点，又自己编成二句曰："包裹雨伞枷，文书和尚我。"途中步步熟记此二句。僧知其呆，用酒灌醉，剃其发以枷套之，潜逃而去。役酒醒曰："且待我查一查看，包裹雨伞有。"摸项上曰："枷，有。"文书，曰："有。"忽惊曰："嗳呀，和尚不见了。"顷之，摸自光头曰："喜得和尚还在，我却不见了。"

——选自〔清〕石成金《笑得好》初集

【译文】

有个呆傻的差役，解送一名犯罪的和尚去府衙，临行前恐怕忘记了所带的东西，仔细查点，并自编了两句话："包裹雨伞枷，文书和尚我。"差役一路上边走边念叨。和尚知道差役呆傻，用酒将其灌醉，剃光他的头发，把枷锁套在他的脖子上，然后偷偷逃走了。差役酒醒后说："等我好好查一查，包裹有，雨伞有。"摸了摸脖子说："枷也有。"看了看文书，说："文书也有。"忽然惊道："哎呀，和尚没了。"过一会儿，摸了摸自己的光头说："幸喜和尚还在，可我却不见了。"

【点评】

这是个单纯的双关语故事。

呆傻差役押解罪僧，只记得“包裹雨伞枷，文书和尚我”。没承想被罪僧钻了空子，把差役的头剃光，变成了形式上的“和尚”，结果“幸喜和尚还在，可我却不见了”。

这句双关语，借喝了点酒就找不到“我”的呆傻差役之口，告诫人们，头脑要时刻保持清醒，不管自己如何变化，不要迷失自己的真如本性。

59. 归去来辞

一人口中偶读古文曰："临清流而赋诗。"[①]傍有一人急忙问曰："何处临清刘副使[②]？为甚的不早些对我说？让我好奉承奉承结交他。"其人曰："此乃《归去来兮辞》。"这人改颜缓说曰："我只道他是个现任的官儿，若是这个归去来辞的官儿，我就不理他了。"

——选自〔清〕石成金《笑得好》初集

【注释】

①临清流而赋诗：晋陶渊明的文章《归去来兮辞》中的词句。

②临清刘副使：与"临清流赋诗"谐音。

【译文】

有个人偶然读古文说："临清流而赋诗。"旁边有个人急忙问道："哪里的临清刘副使？为什么不早点对我说？让我好去奉承奉承结交他。"读书人说："这是《归去来兮辞》。"问话的人脸色一变，慢慢道："我以为他是个现任的官儿了，若是这样归去来辞的官儿，我就不理他了。"

【点评】

这是个单纯的双关语故事。

这个故事通过“临清流而赋诗”与“临清刘副使”的谐音，以及对“归去来兮辞”的误解读，清晰地勾画出一副趋炎附势的势利小人的嘴脸：“我只道他是个现任的官儿，若是这个归去来辞的官儿，我就不理他了。”

60．麻雀请宴

麻雀一日请翠鸟[①]、大鹰饮宴。雀对翠鸟曰："你穿这样好鲜明衣服的，自然要请在上席坐。"对鹰曰："你虽然大些，却穿这样坏衣服，只好屈你在下席坐。"鹰怒曰："你这小人奴才，如何这样势利。"雀曰："世上那[②]一个不知道我是心肠小、眼眶浅的么。"

——选自〔清〕石成金《笑得好》初集

【注释】

①翠鸟：一种水鸟，俗称"叼鱼郎"，捕食小鱼，羽毛美丽，可作装饰品。

②那：意同"哪"。

【译文】

一天，麻雀请翠鸟、老鹰赴宴。麻雀对翠鸟说："你穿这样鲜艳美丽的衣服，自然要请坐上席了。"麻雀对老鹰说："你虽然个子大些，却穿着这样破旧的衣服，只好委屈你坐下席了。"老鹰生气地说："你这个小人奴才，怎么这样势利眼？”麻雀说：“世界上哪个不知道我是心眼小、眼眶浅的呀。”

【点评】

这是个单纯的双关语故事。

麻雀设宴，把羽翼鲜艳、个头小巧的翠鸟请入上席，让灰褐羽翼、身躯庞大的老鹰屈尊下首，完全“以貌取鸟”的势利小麻雀，自我总结：“世界上哪个不知道我是心眼小、眼眶浅的呀。”

这个双关语故事，揭露了敬衣不敬人的势利小人，尤其特别指出这些小人的奴才本性——“心眼小、眼眶浅”。

61. 灭火性

有人虔诚要见观世音菩萨，问法于大和尚，教云："须持斋，戒急性，念念在菩萨，久之自应。"其人恐不记得，因自编三句云："吃长斋，灭火性，一心要见观世音。"时常口中念诵，如此日久，感动菩萨，试其诚否，化为道人至门求乞，见此人口念三句，道人曰："你再念一遍我听。"其人又念，道人复问，如此三次，念人大怒曰："我已念过几遍，还来琐碎重问。"道人笑曰："我才问得几遍，你就动怒，可见火性不曾灭，菩萨如何得见。"

——选自〔清〕石成金《笑得好》二集

【译文】

有个人虔诚地要拜见观世音菩萨，向大和尚请教方法。大和尚教诲说："须持斋，戒急性，念念在菩萨，久之自应。"这个人怕记不住，就自编了三句话："吃长斋，灭火性，一心要见观世音。"时常嘴里念诵，日子一久，感动了观音菩萨，想试试他是否真诚，变成一个道人到他的门口乞讨，见这人正念诵那三句话。道人说："你再念一遍我听听。"此人又念了一遍。道人又问，这样问了三次。此人大怒，说道："我已经念了好几遍，还琐碎重问。"道人笑道："我才问了几遍，你就动怒，可见火性没灭，如何拜见菩萨？"

【点评】

这是个单纯的双关语故事。

拜见观世音菩萨，须持斋，戒急性，念念在菩萨，久之自应。如果每天只是光在嘴上说说，并没有实际修行，禁受不住别人的三言两语就发火动怒，如何拜见菩萨？

这个双关语故事，告诫修行的人们，嗔心不退，修行不成，即修行者常说："勤修戒定慧，熄灭贪嗔痴。"

62. 骑虎

一人行山路遇见猛虎，躲在树上，见虎咆哮欲上，因惊跌下来，偶跌在虎背上，只得拼死抱住虎腰，任其奔走。旁人不知根由，只说能骑虎走，喜谓人曰："你看这人骑着虎走，就如神仙一般的快活。"其人在虎背上攒眉忙应曰："你们看我走得威风快活，却不知道我要下来不得下来，心里苦极，难过得很呢。"

——选自〔清〕石成金《笑得好》二集

【译文】

有个人在山路上走，遇见一只猛虎，立即爬上树，见虎咆哮着要往树上蹿，吓得摔了下来，恰好落在虎背上，只得拼命抱住虎腰，任凭虎奔跑。旁观者不知就里，还以为这人能骑着老虎跑，兴奋地对身边的人说："你看这人骑着老虎跑，就像神仙一样快活。"骑虎之人在虎背上皱着眉头连忙回道："你们看我跑得威风快活，却不知道我想下也下不来，心里苦极了，难过得很呢。"

【点评】

这是个单纯的双关语故事。

旁人看到的是骑虎之人威风凛凛、风光无限，很是风流快活。殊不知，骑虎难下之人的内心苦楚："你们看我跑得威风快活，却不知道我想下也下不来，心里苦极了，难过得很呢。"

这句双关语告诫人们，表面风光的人不一定真正快乐。就像骑虎的人，有人为他喝彩、为他鼓掌，觉得他像神仙一样快活。可是，只有骑虎之人自己才知道，风光背后，真实的内心世界有多少说不出的痛苦，骑虎难下啊！

63. 骑马败家（笑妆假脸面破家的）

有一人极贫，将破酒瓮做床脚。一晚，夫妻同睡，梦见拾得一锭银子。夫妻商议，将此银经营几年，该利息许多，可以买田，可以造屋，一旦致富，就可买官，但既然富贵，须要出入骑马，只是这马，我从不曾骑惯，因对妻曰："你权当做马，待我跨上来一试何如？"不觉跨重了，将破酒瓮翻倒了，床铺同身子一齐都倒在地上。夫妻嚷闹不已。邻人问之，妻应曰："我本好好的一个人家，只为好骑马①，把家业都骑坏了。"

——选自〔清〕石成金《笑得好》二集

【注释】

①骑马：此处指为了体面而讲排场，即副标题所说的"妆假脸面"。

【译文】

有户人家非常贫穷，用破酒瓮支撑做床脚。一天夜晚，夫妻俩睡觉梦见拾了一锭银子。夫妻俩商量，用这锭银子经营几年，能有许多利息，可以买田，可以盖房，一旦致富还可以买官，既然富贵，出入必须要骑马，只是这马，丈夫从来没有骑过，于是对妻子说："你暂且当作马，让我跨上试一试怎么样？"不小心跨重了，把破酒瓮晃倒，床铺和人都倒在地上。夫妻俩吵闹个没完。邻居问他们吵什么，妻子应声说："我们本来好好的一户人家，只因为好骑马，把整个家业都骑垮了。"

【点评】

这是个单纯的双关语故事。

夫妻做梦拾了一锭银子，却联想出了若干的富贵场景：既为有钱人，出入须骑马。于是为了练骑马，夫妻二人把床练塌了，破酒瓮也倒了。邻居询问，妻子回复："我们本来好好的一户人家，只因为好骑马，把整个家业都骑垮了。"

如题"骑马败家"之意，这里所说的"骑马"，指为了体面而讲排场。夫妻俩对邻居称因为好骑马，把整个家业骑垮了。而现实则是，二人梦中的看得见摸不着的海市蜃楼，虚拟的富贵家业败落了。

这个双关语故事，只图外边"妆假脸面"，却败了自己的家业，嘲讽了那些为满足虚荣心讲排场而败家的人。

64. 画刀

酒店烦人写卖酒的招牌，其人写完，乃于牌头画刀一把。酒店惊问："画此何用？"答曰："我要这刀来杀杀水气。"

——选自〔清〕石成金《笑得好》二集

【译文】

酒店请人题写卖酒的招牌，写完招牌之后，题写的人在招牌上方画了一把刀。酒店老板吃惊地问："画这把刀有什么用？"回答说："我要用这把刀来杀杀水气。"

【点评】

这是个单纯的双关语故事。

"我要用这把刀来杀杀水气。"题写酒招的人题字之后，还画了一把刀，酒店老板不明此刀用义，画刀的人一句话简单粗暴地直接点题：杀杀水气。看来这家酒店的酒，羼水太多，真是委屈那把"刀"了！

65. 门上贴道人（笑心毒貌慈的）

一人买门神①，误买道人画，贴在门上。妻问曰：“门神原是持刀执斧，鬼才害怕。这忠厚相貌，贴他何用？”夫曰：“再莫说起，如今外貌忠厚的，他行出事来，更毒更狠。”

——选自〔清〕石成金《笑得好》二集

【译文】

一个人去买门神，误买了一张道人的画像，贴在了门上。妻子问他说：“门神原本是拎着刀拿着斧子的，鬼才害怕。这道人一副忠厚模样，贴他有什么用？”丈夫说：“不要再说了，现在外貌忠厚的，行事才更毒更狠。”

【点评】

这是个单纯的双关语故事。

贴门神，本是驱邪避鬼、保卫家宅的。故事中的男主人，误买一张相貌忠厚的道人画像，女主人质疑丈夫买错了门神，而丈夫一句话直截了当：“现在外貌忠厚的，行事才更毒更狠。”

正如副标题“笑心毒貌慈的”所指，那些外貌忠厚、心肠歹毒的人做起事来更加狠毒。外表忠厚之人不一定内心也忠厚，识人还是要明辨善恶忠奸，不可以貌取人。

66. 醉猴

有人买得猴狲，将衣帽与之穿戴，教习跪拜，颇似人形。一日，设酒请客，令其行礼，甚是可爱。客以酒赏之，猴饮大醉，脱去衣帽，满地打滚。众客笑曰："这猴狲不吃酒时还像个人形，岂知吃下酒去，就不像个人了。"

——选自〔清〕石成金《笑得好》二集

【译文】

有个人买了只猴子，给它穿上衣服，戴上帽子，教它练习跪拜的礼仪，训练得有几分人模人样。一天，此人摆酒请客，叫猴子给客人行礼，猴子的样子非常可爱。客人高兴地把酒赏给猴子，猴子喝得大醉，扯掉衣服和帽子，满地打滚。客人们笑道："这猴子不喝酒还像个人样，岂知喝了酒就不像个人了。"

【点评】

这是个单纯的双关语故事。

猴子经过训练，穿戴衣帽之后，确实有点人模人样。但是喝醉了酒的猴子，立刻被打回原形，满地撒泼打滚。客人们一笑了之："这猴子不喝酒还像个人样，岂知喝了酒就不像个人了。"

这句双关语明是说"猴子"，实则说"人"。有些人平时看着言谈举止十分得体，可是一旦喝醉酒撒起酒风，就不像人了，恐怕连只猴子都不如啊。

67. 有天没日

夏天炎热，有几位官长同在一处商议公事，偶然闲谈天气酷暑，何处乘凉。有云："某花园水阁上甚凉。"有云："某寺院大殿上甚凉。"旁边许多百姓齐声曰："诸位老爷要凉快，总不如某衙门公堂上甚凉。"众官惊问："何以知之？"答曰："此是有天没日头的所在，怎的不凉。"

——选自〔清〕石成金《笑得好》二集

【译文】

夏天炎热，有几位官员同在一处商议公事，偶然闲谈天气酷暑，什么地方乘凉最好。有的说："某花园的水阁很凉快。"有的说："某寺院的大殿很凉快。"旁边有许多老百姓齐声说："诸位老爷要凉快，总不如某某衙门的公堂最凉快。"官员们吃惊地问："怎么知道？"老百姓回答："那是有天没日头的地方，怎么不凉快。"

【点评】

这是个单纯的双关语故事。

如题“有天没日”之意，官员们闲谈何处纳凉，百姓的回答才是最现实版“纳凉之处”：衙门的公堂之上，有天没日头，怎么不凉快呢？

有天没日，不分黑白，没有公道，阴凉之地最为心寒。这个故事运用双关语，发泄了老百姓对衙门公堂暗无天日的不满，抨击了旧社会没有公道的阴暗统治。

68. 刮地皮

贪官剥削民脂民膏，谓之“刮地皮”。任非一任，刮了又刮，上至高壤，下及黄泉，甚至刮到地狱，可为浩叹[①]。有一贪官，将要卸事[②]，查点行装，连土地也装在箱内，怨声载道，临行无一人送之者。跫跫[③]出得城来，真是人稀路净。忽见路旁数人，身躯伛偻[④]，面目狰狞[⑤]，桌设果盒，齐来公饯。官问：“何人？”答曰：“我等乃地狱鬼卒，蒙大老爷高厚之德，刮及泉壤，使地狱鬼卒，得见阳世天日，感恩非浅，特来叩送。”

——选自〔清〕小石道人《嘻谈录》

【注释】

①浩叹：长叹，大声叹息。

②卸事：卸任。

③跫跫（qióng）：象声词，足踏地声。

④伛偻（yúlǚ）：腰背弯曲。

⑤狰狞：指性情、行为或状貌十分可怕。

【译文】

贪官污吏搜刮民脂民膏，被百姓称为“刮地皮”。官员并非一任，他们刮了又刮，上刮到高壤，下刮到黄泉，甚至刮到地狱，真让人长叹不已。有个贪官，即将卸任，查点行装，连土地也装进箱子里，老百姓怨声载道，临行之时没有一个人为他送别。贪官出了城，真可谓人稀路净。忽见路边有几个人，身躯伛偻，面目狰狞，一张桌上摆着果盒，一齐为贪官饯行。贪官问：“你们是什么人？”回答说：“我们是地狱的鬼卒，承蒙大老爷德行高厚，刮地皮刮到黄泉壤地，使地狱的鬼卒得以见到阳世天日，深感大老爷的恩德，特来叩首送行。”

【点评】

这是个单纯的双关语故事。

如题“刮地皮”之意，贪官污吏搜刮民财，百姓称为“刮地皮”。故事中的贪官搜刮更甚，“上至高壤，下及黄泉，甚至刮到地狱”，直至地狱鬼卒得见阳世天日，感恩戴德叩送贪官。虽然是夸张的修辞手法，却借地狱鬼卒之口，强烈抨击了搜刮民脂民膏的贪官污吏。

69. 糊涂虫

一官断事不明，百姓怨恨，名之为“糊涂虫”，并作诗以诮[①]之曰：“黑漆皮灯笼，半天萤火虫。粉墙画白虎，青纸写乌龙。茄子敲泥磬，冬瓜撞木钟。天昏与地暗，那[②]管是非公。”满壁贴起，以彰盛德。

太爷看见壁上招贴[③]，传仆役责之曰：“外边出示要拿糊涂虫，你们因何不拿，致使民怨；定限三日，要拿糊涂虫，三个少一个，立毙杖下。”判行发签，催之使去。捕役领签下堂，怨之曰：“这样官，出这样签，叫我何处去拿？”然上官所差，自好前去。

出得城来，见一人头顶被包，骑在马上，奇而问之曰：“因何被包不捎在马后？”答曰：“恐马负太沉，顶在头上，可省马力。”差人一闻此言，说：“此人可算糊涂虫了，带去见官。”又来至城门，见一人手拿竹竿，直进则城门矮，横进则城门窄，徘徊良久，竟不能进。差人说：“这也是一个糊涂虫，也把他带去。”尚少一个，无处可寻，自好先带去，再求宽限。

遂将二人带至堂前，官问骑马曰：“你头顶被包，要省马力，糊涂已极，算得一个。”又问拿竹竿曰：“你拿竹进城，直进，城矮，横进，竹长，你为何不借一把锯来锯为两段，岂不早进城去了？”

差人一闻此言，忙跪禀曰："第三个糊涂虫已有了。"问是谁，答曰："等下任太爷来了，小的便会拿他。"

——选自〔清〕小石道人《嘻谈录》

【注释】

①诮（qiào）：讽刺。

②那：同"哪"。

③招贴：张贴在街头或公共场所的文字、招贴画。

【译文】

有个县官断事不明，老百姓怨恨，给他起个外号叫糊涂虫，并作诗嘲笑他说："黑漆皮灯笼，半天萤火虫。粉墙画白虎，青纸写乌龙。茄子敲泥磬，冬瓜撞木钟。天昏与地暗，哪管是非公。"并把这诗贴满墙壁，嘲讽县官为官糊涂。

县官见了墙壁上的诗，传来捕役责备说："外边出示要捉拿糊涂虫，你们为什么不去捉拿，致使民怨沸腾，限三天之内，捉拿三个糊涂虫，如果少了一个，立毙杖下。"县官发下令签，催促捕役快去捉拿。捕役领了令签走下公堂，埋怨说："这样的官儿，发这样的令签，叫我到哪里去捉拿糊涂虫？"但这是上司的差遣，只好硬着头皮前去。

捕役出了城，见一个人骑在马上，头上顶着个被包，感到很奇怪，就问他说："为什么被包不放在马背上？"那个人回答说："恐怕马驮得太沉，所以顶在头上，可以节省些马的体力。"捕役一听这话，说："这人可算是糊涂虫了，带他去见县官。"又来到城门前，见一个人手拿着竹竿想进城，竖着拿竹竿，城门矮；横着拿竹竿，城门窄，徘徊了很久，竟然进不了城门。捕役说："这也是一个糊涂虫，也把他带走。"还少一个，没地方去找，只好先带这两个去，再求县官宽限几天。

捕役把二人带到公堂前，县官对骑马的说："你头顶被包，想节省马的体力，真是太糊涂了，算是一个糊涂虫。"又对拿竹竿的说："你拿着竹竿进城，竖着拿进城，城门矮，横着拿进城，竹竿长，你为什么不借一把锯来锯成两段，岂不是早就进城去了？"

捕役一听这话，连忙跪下禀报说："第三个糊涂虫现在已经有了。"县官问是谁，捕役回答说："等下一任县太爷来了，小的就会捉拿他。"

【点评】

这是个单纯的双关语故事。

这个故事虽然有点长，但是几个糊涂虫的形象跃然纸上，一个骑马顶包袱的，一个拿长竹竿进不了城门的，最后一个居然评断说把竹竿一锯两段的，而这最后一个糊涂虫就是老百姓写打油诗嘲讽的县太爷。

故事结尾捕役说的那句话相当经典："等下一任县太爷来了，小的就会捉拿他。"如此糊涂虫只能等下一任县太爷来了再捉拿，强烈嘲讽了那些胡乱判案的糊涂官员。

70. 贪官

有农夫种茄不活，求计于老圃[①]。老圃曰："此不难，每茄树下埋钱一文即活。"问其故，答曰："有钱者生，无钱者死。"

——选自〔清〕游戏主人《笑林广记》

【注释】

①老圃：有经验的菜农或花农。

【译文】

有个农夫种的茄子都没有成活，向老菜农请教种茄子的方法。老菜农说："这不难，每棵茄子下面埋一文铜钱就能成活。"农夫问为什么，老菜农回答说："有钱者生，无钱者死。"

【点评】

这是个单纯的双关语故事。

如题"贪官"之意："有钱者生，无钱者死。"这句双关语说得很含蓄，

“有钱者生，无钱者死”，有钱不仅能生，还能使鬼推磨。

这句双关语借种菜老农之口，嘲讽了那些敲诈勒索百姓、贪赃枉法的贪官污吏。

71. 糊涂

一青盲[①]人涉讼，自诉眼瞎。官曰："你明明一双清白[②]眼，如何诈瞎？"答曰："老爷看小人是清白的，小人看老爷却是糊涂得紧。"

——选自〔清〕游戏主人《笑林广记》

【注释】

①青盲：一种眼病，眼睛表面如常人，实际看不清东西，

②清白：指白眼球和黑瞳仁分明。

【译文】

一个患青光眼的人牵扯诉讼官司，自诉眼瞎。审判官问："你明明有一双清白分明的眼睛，为什么假装眼瞎？"这人回答说："老爷看小人是清白的，小人看老爷却是糊涂得很。"

【点评】

这是个单纯的双关语故事。

如题“糊涂”之意，借青盲患者之口，暗指公堂之上的昏官：“老爷看小人是清白的，小人看老爷却是糊涂得很。”

这句双关语明指罹患眼疾的人看不清堂上的老爷，实是指老百姓看到的堂上官老爷都是糊里糊涂的昏官，强烈嘲讽了那些误国误民、胡乱判案的昏庸官吏。

72. 州同[①]

一人最好古董，有持文王鼎[②]求售者，以百金买之。又一人持一夜壶[③]至，铜色斑驳陆离，云是武王时物，亦索重价。曰：“铜色虽好，只是肚里臭甚。”答曰：“腹中虽臭，难道不是个周铜[⑤]（州同）。”

——选自〔清〕游戏主人《笑林广记》

【注释】

①州同：古代官名，即州同知，为知州的副职。

②文王鼎：周文王时代的铜鼎。

③夜壶：男人夜间解小便用的尿壶。

④斑驳陆离：斑驳，色彩杂乱；陆离，参差不一。形容色彩纷杂。

⑤周铜：周代的铜器。“周铜”与“州同”谐音，是指“州同”。

【译文】

一个人喜好收藏古董，有人拿着一尊文王鼎出售，他以百金买下。又有人拿着一把夜壶来，铜色锈蚀斑驳陆离，说是周武王时代的东西，也要求重金。收藏者说："铜色虽然好，只是肚里太臭了。"卖夜壶的人回答："肚里虽然臭，难道不是个周铜（州同）吗？"

【点评】

这是个单纯的双关语故事。

有人拿着一把据说是周武王时代的夜壶，要重金卖给收藏古董的人，收藏之人嫌臭，卖家如是说："肚里虽然臭，难道不是个周铜（州同）吗？"

如题"州同"之意，这句双关语借用"周铜"与"州同"的谐音，调侃了某些官员，虽然腹中臭烘烘，却依然是州同，嘲讽了那些没有真才实学却占据高位的官员。

73. 识气

一瞎子双目不明，善能闻香识气。有秀才拿一《西厢记》与他闻，曰："《西厢记》。"问："何以知之？"答曰："有些脂粉气。"又拿《三国志》与他闻，曰："《三国志》。"又问："何以知之？"答曰："有些刀兵气。"秀才以为奇异，却将自做的文字与他闻，瞎子曰："此是你的佳作。"问："你怎知？"答曰："有些屁气。"

——选自〔清〕游戏主人《笑林广记》

【译文】

有个瞎子双目失明，擅长闻香识气味。有个秀才拿来一本《西厢记》给他闻，瞎子说："《西厢记》。"秀才问："怎么知道的？"瞎子回答："有些脂粉气。"秀才又拿《三国志》给他闻，瞎子说："《三国志》。"秀才又问："怎么知道的？"瞎子回答："有些刀兵气。"秀才感觉很奇异，把自己的文章给他闻，瞎子说："这是你的佳作。"秀才问："你怎么知道的？"瞎子回答："有些屁味。"

【点评】

这是个单纯的双关语故事。

瞎子双目失明，却擅长闻香识气味。于是，秀才试探瞎子，《西厢记》《三国志》瞎子都闻了出来。秀才觉得很神奇，又把自己的文章给瞎子闻，瞎子一语道破天机："这是你的佳作。"因为"有些屁味"，哈哈！

这句双关语讲得很有意思，直截了当表明理由：你的文章像屁一样臭。此处双关语嘲讽了那些文章做得非常糟糕还自以为是的读书人。

74. 无一物

穷人往各寺院窃取神物灵心①，止有土地庙未取。及去挖开，见空空如也②，乃骇叹曰："看他巾便戴了一顶，原来腹中毫无一物！"

——选自〔清〕游戏主人《笑林广记》

【注释】

①灵心：据传，有些神、佛塑像的体内，装有一颗金子做的心。

②空空如也：形容一无所有。

【译文】

有个穷人到各寺院盗窃神像腹中的灵心，只有土地庙还没去。他到土地庙挖开神像一看，见腹中空空如也，什么都没有，于是惊叹说："看他头巾倒是戴了一顶，原来腹中毫无一物！"

【点评】

这是个单纯的双关语故事。

如题“无一物”之意，明是说土地神腹中空空如也，实则是指那些头戴儒巾、貌似风度翩翩文人雅士，腹中却没有学问。

这句双关语嘲讽了那些“金玉其外，败絮其中”的人，徒有其表，其实胸无点墨。

75．谒孔庙

有以银钱夤缘①入泮②者，拜谒③孔庙，孔子下席答之。士曰："今日是夫子④弟子礼，应坐受。"孔子曰："岂敢。你是我孔方兄⑤的弟子，断不受拜。"

——选自〔清〕游戏主人《笑林广记》

【注释】

①夤（yín）缘：攀援，攀附。

②入泮（pàn）：入学。

③拜谒（yè）：拜见，谒见，拜访。

④夫子：古时候称学者或老师为夫子。

⑤孔方兄：古代的铜钱当中有个方孔，后来人们称钱为孔方兄。

【译文】

有个人靠银子买通入学后，到孔庙参拜，孔子下了神座答礼。那人说："今天是向老师行弟子礼，您应该在上座接受我的参拜。"孔子说：

“岂敢，你是我孔方兄的弟子，断不受拜。”

【点评】

这是个单纯的双关语故事。

学生到孔庙参拜本是常礼，但孔子面对用钱买学之人，下席答礼，不敢受其参拜：“你是我孔方兄的弟子，断不受拜。”这句双关语的意思：你用银子买学，崇拜金钱之道，我断然不会接受你的参拜。

孔夫子的弟子，有钱没钱的都有，有教无类嘛。只要真心向学，老师肯定会收在门下。但如若靠银钱开道，金钱至上，那就别怪夫子不认你这个弟子了。

76. 猫捕鼠

一猫捕鼠，鼠甚迫，无处躲避，急匿在竹轿杠中。猫顾之叹云：“看你管①（馆）便进得好，这几个节②如何过得去。”

——选自〔清〕游戏主人《笑林广记》

【注释】

①管：明指竹管，实指书馆。

②节：明指竹节，实指节日。

【译文】

只猫捕捉一只老鼠，老鼠被追得慌了，没有地方可以躲避，急忙之中躲进了竹轿的竹杠之中。猫看着老鼠，慨叹说：“看你这管（书馆）进得好，只这几个节（节日）你怎么过得去。”

【点评】

这是个单纯的双关语故事。

老鼠被猫追得紧了，慌忙之中躲进了竹轿的竹管之中。猫看着老鼠叹惜说："看你这管（书馆）进得好，只这几个节（节日）你怎么过得去。"

这句双关语所说的"管""节"，明是说"竹管"和"竹节"，实则是说"书馆"和"节日"，意思是：虽然有机会进了书馆教书，可没钱这几个节日看你怎么过。旧社会的教书先生生活比较穷困潦倒，紧巴巴地没钱过生活，何况过年过节，实在窘迫之极。

这个双关语故事哀叹了旧社会教书先生的拮据且窘迫的生活处境。

77. 好棋

一人以好棋[①]破产，因而为小偷，被人缚住。有相识者，见而问之。答云："彼请我下棋，嗔我棋好，遂相困耳。"客曰："岂有此理。"其人答曰："从来'棋高一招，缚手缚脚'[②]。"

——选自〔清〕游戏主人《笑林广记》

【注释】

①好棋：喜欢下棋。

②棋高一招，缚手缚脚：下棋时遇到弈棋高手，不好施展发挥。明凌濛初《拍案惊奇·小道人一着饶天下，女棋童两局注终身》云："正所谓'棋高一着，缚手缚脚'。"

【译文】

有个人由于嗜好下棋破了产，无奈去做小偷，被人绑起来。有相识的人问他怎么回事。好下棋的人说："别人请我下棋，怪我棋下得好，就把我绑起来了。"那位相识的人说："哪有这种道理。"好下棋的人答道："从来都是'棋高一招，缚手缚脚'。"

【点评】

这是个单纯的双关语故事。

因为好棋如命而破产，不得已做小偷，被人捉住，自我解嘲："别人请我下棋，怪我棋下得好，就把我绑起来了。"相识的人觉得岂有此理，好棋的人解释道："棋高一招，缚手缚脚。"

"棋高一招，缚手缚脚"，这句双关语本指棋艺技高一筹，对方就无法施展本领。

这个双关语故事所说的"缚手缚脚"，明是说小偷被捆住手脚，实则说弈棋之人出招时束手无策，并非手脚真的被缚住，夸赞了技艺高超的弈棋对手。这句双关语非常含蓄隐晦。

78. 不下剪

缝匠[1]裁衣，反复量久，不肯下剪。徒弟问其故，答曰：“有了他的，便没有了我的；有了我的，又没有了他的。”

——选自〔清〕游戏主人《笑林广记》

【注释】

①缝匠：指裁剪、缝制衣服，后来指代以制作或拆改衣服为职业的人。

【译文】

有个裁缝裁布给客人做衣服，反复量了半天，不肯下剪子。徒弟问为什么不裁剪，裁缝回答说：“有了他的，就没有了我的；有了我的，又没有了他的。”

【点评】

这是个单纯的双关语故事。

借以裁缝的口吻，揭示小商小贩的贪利之举：客人这块布料，给他裁了做衣服，就剋扣不了他的布；剋扣了他的布，就不够给他做衣服了。

这句双关语嘲讽了那些克扣顾客、缺斤短两、贪图小利、损人利己的奸商行为。

79. 卖淡酒

一家做酒，颇卖不去，以为家有耗神[①]，请一先生烧楮[②]退送，口念曰："先除鹭鸶[③]，后去青鸾[④]。"主人曰："此二鸟你退送他怎的？"先生曰："你不知，都吃亏这两只禽鸟会下水[⑤]，遣退了他，包你就卖得去。"

——选自〔清〕游戏主人《笑林广记》

【注释】

①耗神：耗费资财的神。

②楮（chǔ）：落叶乔木，叶似桑，树皮是制造桑皮纸和宣纸的原料。古代，楮是纸的代称。

③鹭鸶（lùsī）：白鹭，一种水鸟。

④青鸾（luán）：传说中的神鸟，又称苍鸾，多为神仙坐骑。

⑤下水：在民间，往酒里羼水、兑水叫"下水"。

【译文】

有户人家酿酒，就是卖不出去。主人以为家里有耗费资财的神作祟，于是请了先生画符烧纸遣退。先生口中念念有词："先除去鹭鸶，再除去青鸾。"主人说："这两只鸟，你遣退他们干什么？"先生说："你不知道，都吃亏在这两只鸟会下水，遣退了他们，保证你能把酒卖出去。"

【点评】

这是个单纯的双关语故事。

这个双关语故事所说的"两只鸟"，明是说"鹭鸶、青鸾"，实则是说店里的伙计；"下水"，明是说鹭鸶、青鸾"下水"，实则是说店里的伙计借机"往酒里羼水"。除去鹭鸶、青鸾，也就是辞退往酒里羼水的两个伙计，你的酒就能卖出去了。

这句双关语，实际谴责了那些勾兑假酒、以次充好的不良商家。

80. 记酒

有觞客①者，其妻每出酒一壶，即将锅煤②画于脸上记数。主人索酒不已，童子曰："少吃几壶罢，家主婆脸上，看看有些不好看了。"

——选自〔清〕游戏主人《笑林广记》

【注释】

①觞（shāng）客：飨宴宾客，请客人喝酒。

②锅煤：锅底灰，中医里叫百草霜。

【译文】

有户人家请客人饮酒，他的妻子每拿出一壶酒，就用锅底灰在脸上画一道儿记下数目。主人一再要酒，童仆说："少喝几壶吧，家主婆的脸上，可有些不好看了。"

【点评】

这是个单纯的双关语故事。

这个双关语故事所说的“有些不好看”，明是说女主人因为涂抹锅底灰，脸画得“不好看”；实则是说女主人不愿意再请客人喝酒，脸色变得“不好看”。

这句双关语的妙处即在于此，小气的女主人嫌客人喝酒喝得太多，不高兴了，脸色“不好看”，也就是俗话说的“挂脸子”。

81．龟渡

有一士[①]欲过河，苦无渡船。忽见一大龟，士曰："乌龟哥，烦你渡我过去，我吟诗谢你。"龟曰："先吟后渡。"士曰："莫被你哄，先吟两句，渡后再吟两句，何如？"龟曰："使得。"士吟曰："身穿九宫八卦[②]，四海龙王也怕。"龟喜甚，即渡士过河。士续曰："我本衣冠中人，不与乌龟答话。"

——选自〔清〕游戏主人《笑林广记》

【注释】

①士：这里指秀才。

②九宫八卦：指乌龟背壳上的花纹。

【译文】

有个秀才要过河，苦于没有渡船。忽然看见一只大乌龟，秀才说："乌龟哥，麻烦你渡我过河，我吟诗感谢你。"乌龟说："你先吟诗，然后渡你。"秀才说："你不要骗我。我先吟两句，渡过河再吟两句，怎么样？”乌龟说：“可以。”秀才吟道：“身穿九宫八卦，四海龙王也怕。”乌龟非常高兴，立即渡秀才过了河。秀才续诗道：“我是衣冠中人，不与乌龟答话。”

【点评】

这是个单纯的双关语故事。

秀才过河有求于乌龟帮忙时，首先表示要吟诗感谢乌龟。乌龟为防止秀才过河后不认账，请秀才先吟诗。秀才表示分期付款，先吟两句，过河后再吟两句。二者口头约定。等乌龟把秀才渡过河后，秀才不仅不感谢乌龟，反而讥讽乌龟：“我是衣冠中人，不与乌龟答话。”

这句双关语明是说“乌龟”，实则说“人”，意思是：我是穿衣戴帽的人，不与乌龟（人品低劣的人）答话。可是，秀才在渡河前已经与乌龟“答话”了。

82. 抵偿

老虎欲啖[①]猢狲[②]，狲诳曰："我身小，不足以供大嚼。前山有一巨兽，堪可饱餐，当引导前去。"同至山前，一角鹿[③]见之，疑欲啖己，乃大喝云："你这小猢狲，许我拿十二张虎皮送我，今只拿一张来，还有十一张呢！"虎惊遁，骂曰："不信这小猢狲这等可恶，倒要拐我抵销旧账。"

——选自〔清〕游戏主人《笑林广记》

【注释】

①啖（dàn）：此处为吃的意思。

②猢狲（húsūn）：泛指灵长类动物，特指北方猕猴。

③角鹿：又名驯鹿，鹿科驯鹿属下的一种动物，雌雄皆有角，角的分枝繁复。

【译文】

老虎要吃掉猴子，猴子诳骗老虎说："我身体小，不够你大吃一顿的。前面山上有一只巨兽，足够你饱餐一顿，我可以领你前去。”猴子领老虎来到山前，一只角鹿看见他们，怀疑老虎要吃自己，于是大声喝道：“你这小猢狲，答应送我12张虎皮，今天只拿来1张，还有11张呢？”老虎大吃一惊，吓得掉头逃跑，边逃边骂道：“没想到这小猢狲如此可恶，竟然骗我来抵销旧账。”

【点评】

这是个单纯的双关语故事。

聪明的小猴子为躲虎口骗老虎，说山前有巨兽可以饱餐一顿。恰巧山前遇到角鹿，角鹿看到老虎和小猴子，以为老虎要吃它，不管三七二十一先下手为强，面对老虎和猴子机智地大喝一声：“你这小猢狲，答应送我12张虎皮，今天只拿来1张，还有11张呢？”老虎被吓跑，边跑边骂小猴子：“没想到这小猢狲如此可恶，竟然拐我来抵销旧账。”聪明的小猴子、机智的角鹿，一句“送虎皮”的谎话就吓跑了凶恶的老虎。

其实，这个双关语的故事本应如题“抵偿”之意，债主老虎被故事中的负债人小猴子欺骗后怒骂负债人“骗我来抵销旧账”，指斥、谴责那些奸诈狡猾的骗子。

83．卖粉孩

一人做粉孩儿[①]出卖，生意甚好。谓妻曰："此后只做束手[②]的，粉[③]可稍省。"果卖去。又曰："此后做坐倒的，当更省。"仍卖去。乃曰："如今做垂头而卧者，不更省乎！"及做就，妻提起看曰："省则省矣，只是看看不像个人了。"

——选自〔清〕游戏主人《笑林广记》

【注释】

①粉孩儿：面粉捏的娃娃。

②束手：捆住手。

③粉：面粉。

【译文】

一个人卖面粉做的娃娃，生意很好。他对妻子说："以后只捏捆住手的，面粉可以稍微省一些。"结果卖出去了。又说："以后就捏坐着的，应当更省面。"仍然卖出去了。于是说："如今捏低头躺着的，不是更省吗？”等到捏成，妻子拿起来看看说："省倒是省了，只是看着不像个人了。"

【点评】

这是个单纯的双关语故事。

做面人的生意人，为了节省面粉，越来越偷工减料，从捆住手到坐着，再到低头躺着的，妻子一语道破："省倒是省了，只是看着不像个人了。"

这句双关语所说的“省”，明是说“省面粉”，实则是说“省钱”；所说的“不像个人”，明是说“面粉娃娃”看着不像个人，实则是说“人”不像个人。意思是：钱财倒是节省了，可这样节省就不像个正常人了（太吝啬），嘲笑了那些只顾节省而不会做人的人。

84．七德

一家延师[①]，供饭甚薄。一日，宾主同坐，见篱边一鸡，指问主人曰：“鸡有几德？”主曰：“五德[②]。”师曰：“以我看来，鸡有七德。”问：“为何多了二德？”答曰：“我便吃得，你却舍不得。”

——选自〔清〕游戏主人《笑林广记》

【注释】

①延师：聘请教师。

②五德：文、武、勇、仁、信，五德。汉代韩婴编著的《韩诗外传》云：“头戴冠者，文也；足搏距者，武也；敌在前敢斗者，勇也；见食相呼者，仁也；守夜不失时者，信也。”

【译文】

有户人家请教书先生，供给的饭食很差。一天，先生和主人坐在一起，见篱笆旁边有一只鸡，指着鸡问主人：“鸡有几德？”主人答：“五德。”先生说：“以我看来，鸡有七德。”主人问：“为什么多了二德？”

先生回答："我可以吃得，你却舍不得。"

【点评】

这是个应用双关语的故事。

我国古代特别重视鸡，称它为"五德之禽"。教书先生却说"鸡有七德"，然后解释说："我可以吃得，你却舍不得。"这句双关语利用"德"与"得"的谐音，给具有"五德"的"鸡"加了"两得"：先生可以吃得，主人却舍不得。

这句双关语，先生一语双关、幽默含蓄地告诉主人，我想吃鸡了。

85．吃榧伤心

有担榧子[1]在街卖者，一人连吃不止。卖者曰："你买不买，如何只管吃？"答曰："此物最能养脾。"卖者曰："你虽养脾，我却伤心。"

——选自〔清〕游戏主人《笑林广记》

【注释】

①榧子：是一种干果，亦是一味中药。

【译文】

有个人挑着榧子在街上叫卖，一个人连吃不止。卖榧子的说："你到底买不买，怎么只管吃啊？"那人回答说："这东西最能养脾。"卖榧子的说："你虽然养脾了，我却伤心了。"

【点评】

这是个单纯的双关语故事。

故事中的两个人，卖家问买家，你怎么不买只吃？买家答非所问，此物最养脾。卖家说，你养了脾，我却伤了心。

虽然有“先尝后买”的约定俗成，但是却没有“只尝不买”的规矩。做生意的商家都有成本，先尝后买，本是常事，但买家只尝不买，占尽便宜，卖家自然会伤心的。这个双关语故事极力讽刺了那些爱占小便宜的顾客。

86. 恋席

客人恋席，不肯起身。主人偶见树上一鸟，对客曰："此席坐久，盘中肴尽，待我砍倒此树，捉下鸟来，烹与执事下酒，何如？"客曰："只恐树倒鸟飞矣。"主云："此是呆鸟，他死也不肯动身的。"

——选自〔清〕游戏主人《笑林广记》

【译文】

有个客人贪吃，一直不肯起身离席。主人偶然看见树上有一只鸟，就对客人说："这席坐得久了，盘中菜都吃完了，等我砍倒这棵树，把鸟捉住，做成菜给您下酒，怎么样？"客人说："只怕树一倒鸟就飞了。"主人说："这是只呆鸟，他死也不肯动身的。"

【点评】

这是个应用双关语的故事。

客人贪吃不肯离席，主人指树上的小鸟说："等我砍倒这棵树，把鸟捉住，做成菜给您下酒。"客人不解，树倒鸟就飞了。主人借机一语双关地讽刺说："这是只呆鸟，他死也不肯动身的。"

这句双关语，主人用树上的小鸟比喻不肯离席的客人像只呆鸟，只顾贪吃贪喝，不舍得动身离席，调侃了那些贪吃、贪喝、贪欲十足的客人。

87. 淡酒

有人宴客，用淡酒者。客向主人索刀，主问曰："要他何用？"曰："欲杀此壶。"又问："壶何可杀？"答曰："杀了他，解解水气。"

——选自〔清〕游戏主人《笑林广记》

【译文】

有人请客吃饭，用淡酒招待。客人向主人借刀，主人问道："要刀有什么用？"客人说："想杀这酒壶。"主人又问："酒壶怎么可以杀？"客人回答："杀了他，解解水气。"

【点评】

这是个单纯的双关语故事。

如题"淡酒"之意，客人嫌酒淡，嫌酒里羼水太多，故意借刀要杀酒壶，并且对主人说："杀了他，解解水气。"

这句双关语，实在说得解气。

客人以借刀杀壶之举，用开玩笑的口吻，明说是酒淡要解解水气，实则嘲讽了吝啬的主人请客不舍得用好酒，以水兑酒糊弄客人，以此发泄调侃一下。

88. 酒死

一人请客，客方举杯，即放声大哭。主人慌问曰 :“临饮何故而悲? ”答曰 :“我生平最爱的是酒，今酒已死矣，因此而哭。”主笑曰 :“酒如何得死? ”客曰 :“既不曾死，如何没有一些酒气? ”

——选自〔清〕游戏主人《笑林广记》

【译文】

有户人家请客，客人刚举起酒杯，就放声大哭。主人慌忙问 :“要喝酒了，为什么悲伤呢? ”客人回答 :“我一生最爱的就是酒，今天酒已经死了，所以哭啊。”主人笑道 :“酒怎么会死呢? ”客人回答 :“既然没死，怎么没有一点儿酒气呢? ”

【点评】

这是个单纯的双关语故事。

客人在宴席上放声大哭，因为生平最爱酒，今酒已死，要大哭祭奠。主人还不明所以，酒如何死? 客人借题发挥黑色幽默 :“既然没死，怎么没有一点儿酒气呢？”

如题“酒死”之意，这句双关语在小故事中的小反转，令吝啬的主人哭笑不得，一个小气抠门的词汇都没有提及，却“杀酒”不见血，让“酒死”于无形之中。

哈哈，酒没有一点儿酒气还能称之为酒吗？自然要为酒死而大哭一场，以发泄心头的怨气。只是不知如此吝啬的主人，有何感想呢？

89. 狗衔锭

狗衔[①]一银锭而飞走，人以肉喂他不放，又以衣罩去，复又走脱。人谓狗曰：“畜生，你直恁[②]不舍，既不爱吃，复不好穿，死命要这银子何用？”

——选自〔清〕游戏主人《笑林广记》

【注释】

①衔（xián）：含着，用嘴叼着。

②恁（nèn）：那么，那样；如此，这样。

【译文】

一只狗叼着一个银锭飞跑，有人用肉喂它，狗不放银锭；又用衣服罩过去，也被狗甩掉跑了。那人对狗说：“畜生，你这样不舍银锭，既不爱吃，又不好穿，死命要这银子有什么用？”

【点评】

这是个单纯的双关语故事。

这个双关语故事，明是说“狗”，实则是说“人”。舍不得吃（有人用肉喂它，狗不放银锭），又舍不得穿（用衣服罩过去，也被狗甩掉跑了），死命攒钱留着有什么用？

这个双关语故事劝告人们，要懂得生活，该吃就吃，该穿就穿，赚钱的同时更要享受生活，不要只顾闷头赚钱。当然爱钱不是坏事，但钱应为人所用，人不能反过来做金钱的奴隶，变成所谓的“守财奴”。

90. 烦恼

或[①]问："樊迟[②]之名谁取？"曰："孔子[③]取的。"问："樊哙[④]之名谁取？"曰："汉祖[⑤]取的。"又曰："烦恼之名谁取？"曰："这是他自取的。"

——选自〔清〕游戏主人《笑林广记》

【注释】

①或：某人，有的人。

②樊迟：名须，字子迟，春秋时期鲁国人，孔子的弟子。

③孔子：名丘，字仲尼，春秋末期的思想家和教育家，儒家思想的创始人。

④樊哙（kuài）：江苏省沛县人，汉朝开国元勋。

⑤汉祖：汉高祖刘邦，汉朝的开国皇帝。

【译文】

有人问："樊迟的名字是谁取的？"回答说："孔子取的。"又问：

“樊哙的名字是谁取的？”回答说：“汉高祖取的。”又问：“烦恼的名字是谁取的？”回答说：“这是他自取的。”

【点评】

这是个单纯的双关语故事。

“樊迟”“樊哙”“烦恼”，都是“fán”音开头，前两个都是樊姓达人，由孔子、汉高祖为其取名，而“烦恼”却“自取的”。

这个双关语故事，借谐音之名，意指任何烦恼都是因为自己想不开，“烦恼自取”，怪不得别人。告诫人们，遇事要心胸豁达，“风物长宜放眼量”，不要自寻烦恼。

91. 嘲恶毒

蜂与蛇结盟[①]，蜂云："我欲同你上江一游。"蛇曰："可，你须伏在我背间。"行到江中，蛇已无力，或沉或浮。蜂疑蛇害已，将尾刺钉紧在蛇背上。蛇负疼[②]骂曰："人说我的口毒，谁知你的肚里更毒！"

——选自〔清〕游戏主人《笑林广记》

【注释】

①结盟：结成同盟，这里指交朋友。

②负疼：忍着疼痛。

【译文】

蜂和蛇交朋友，蜂说："我想和你到江上游一游。"蛇说："可以，你须趴在我的背上。"到了江心，蛇已经没有力气，一会儿沉，一会儿浮。蜂怀疑蛇要害自己，用尾巴上的刺紧紧叮在蛇背上。蛇忍着疼痛骂道："人们都说我的嘴毒，谁知道你的肚里更毒！"

【点评】

这是个单纯的双关语故事。

如题“嘲恶毒”之意:“人们都说我的嘴毒,谁知道你的肚里更毒!”这句双关语所说的“嘴毒”,明是说“蛇有毒牙”,实则是指“说话恶毒”;所说的“肚里更毒”,明是说“蜂的毒液”,实则是指“满肚子坏水儿”。人们都说我说话恶毒,谁知道你满肚子坏水儿更恶毒!

这个双关语故事嘲骂、叱责了那些心肠歹毒、阴险恶毒之人。

92. 讥人弄乖

凤凰[①]寿，百鸟朝贺，惟蝙蝠[②]不至。凤责之曰：“汝居吾下，何踞傲[③]乎？”蝠曰：“吾有足，属于兽，贺汝何用？”一日，麒麟[④]生诞，蝠亦不至，麟亦责之。蝠曰：“吾有翼，属于禽，何以贺汝？”麟、凤相会，语及蝙蝠之事，互相慨叹曰：“于今世上恶薄[⑤]，偏生此等不禽不兽之徒，真个无奈他何！”

——选自〔清〕游戏主人《笑林广记》

【注释】

①凤凰：古代传说中的百鸟之王，象征祥瑞，雄性称凤，雌性称凰。

②蝙蝠：哺乳动物，用身上皮质的膜飞行，吃蚊、蛾等昆虫。

③踞（jù）傲：傲慢不恭。

④麒麟：传说中象征太平、长寿的吉祥神兽，雄性称麒，雌性称麟。

⑤恶薄（báo）：浇薄，刻薄，指人的禀性，也指社会风气。

【译文】

凤凰过寿，百鸟都来朝贺，唯独蝙蝠没去。凤凰斥责它说："你是我的下属，为什么这样傲慢不恭呢？"蝙蝠说："我有脚，属于兽类，祝贺你凭什么？"一天，麒麟寿诞，蝙蝠也没去。麒麟也斥责它。蝙蝠说："我有翅膀，属于禽类，为什么要祝贺你？"一天，麒麟、凤凰会面，谈到蝙蝠的事，互相慨叹说："现在世风恶薄，偏偏生出这种不禽不兽的东西，真拿他没办法！"

【点评】

这是个单纯的双关语故事。

蝙蝠说"我有脚，属于兽类"，不贺凤凰；又说"我有翅膀，属于禽类"，不贺麒麟。难怪凤凰、麒麟慨叹这"不禽不兽之徒"。

如题"讥人弄乖"之意，明是说"蝙蝠"，实则是说"人"："世风恶薄，偏偏生出这种不禽不兽的东西，真拿他没办法！"

这句双关语讽刺了那些没有明确立场、见风使舵、左右逢源的人，根据需要不断改变原则和立场，投机钻营，谋取私利，也就是人们常说的"两面派"。

93．吃橄榄

乡人入城赴酌[①]，宴席内有橄榄[②]焉。乡人取啖[③]，涩而无味，因问同席者曰："此是何物？"同席者以其村气[④]，鄙之曰："俗。"乡人以"俗"为名，遂牢记之，归谓人曰："我今日在城尝一奇物，叫名'俗'。"众未信，其人乃张口呵气曰："你们不信，现今满口都是俗气哩。"

——选自〔清〕游戏主人《笑林广记》

【注释】

①赴酌：去参加酒宴。

②橄榄：又叫青果，吃时味涩，久嚼后回味甜，被誉为"天堂之果"。

③啖：吃的意思。

④村气：粗俗，土气。

【译文】

有个乡人进城赴宴，宴席上摆有橄榄。乡人拿起来就吃，觉得涩而无味，就问同席的人说："这是什么东西？"同席的人觉得他一身粗俗之气，很鄙视地说："俗。"乡人以为"俗"是橄榄的名字，就牢记在心，回家后对人说："我今天在城里吃到一种稀奇的东西，名字叫'俗'。"大家不相信，那人就张开嘴呵气说："你们不信，现在我还满嘴都是俗气呢。"

【点评】

这是个单纯的双关语故事。

宴席之上，同席之人鄙视没有见过世面的乡人，导致乡人误以为自己吃的橄榄的名字叫"俗"，回家后还向乡人炫耀，并张开嘴呵气，说："你们不信，现在我还满嘴都是俗气呢。"

这句双关语所说的"俗气"，明是说"橄榄的气味"，实则是说"粗俗之气"，讽刺了那些说话粗俗、出言不雅的人。

94. 出丑

有屠牛者，过[①]宰猪者之家，其子欲讳[②]宰猪二字，回云："家尊[③]出亥[④]去了。"屠牛者归，对子述之，称赞不已，子亦领悟。次日，屠猪者至，其子亦回云："家父往外出丑[⑤]去了。"问："几时归？"答曰："出尽丑自然回来了。"

——选自〔清〕游戏主人《笑林广记》

【注释】

①过：拜访，探望。

②讳：避忌，有顾忌不敢说或不愿说，忌讳。

③家尊：对他人称自己父亲的敬称。

④出亥：这里指出去杀猪，"亥"是猪的代称。

⑤出丑：这里指出去杀牛，"丑"是牛的代称。一般指丢脸，丧失体面，丢人。

【译文】

有个杀牛的人，去看望一个杀猪的朋友，杀猪人的儿子忌讳“杀猪”两个字，回答说：“家父出亥去了。”杀牛的人回到家，对儿子讲了这事，赞不绝口，儿子也听明白了。第二天，杀猪的人来了，杀牛人的儿子也回答说：“家父到外面出丑去了。”杀猪的问：“什么时候回来？”杀牛人的儿子回答说：“出完丑自然就回来了。”

【点评】

这是个单纯的双关语故事。

哈哈，杀牛人的儿子东施效颦，只学会了皮毛，却不懂双关语，纯属古典版实力坑爹：“家父到外面出丑去了”“出完丑自然就回来了”。这个双关语所说的“出丑”，明是说“出去杀牛”，实则一语双关暗指“丢人现眼”。

这个双关语故事嘲讽了那些时露丑态、丢人现眼、丧失体面的人。

95．圣贤愁

有一人姓白，绰号白吃，无论何处宴会，不请即至，坐下就吃。村中人甚恶之，公议在村前三圣祠立一匾，上写“圣贤愁”三字。

一日吕洞宾、铁拐李云游至此，看见匾上“圣贤愁”三字，不解所谓。遂化作云游道人，访问情由。土人云：“我们这里有一白吃者，吃遍一方。见了他虽圣贤亦要愁，故有此匾。”

洞宾说：“我二人虽不是圣贤，见了断不至于愁，倒要会会他，看他有何白吃之术。”

二人坐在庙台之上，吕祖吹了一口仙气，变了一壶酒、几碟菜，刚要斟酒。白吃已至面前说：“你二位在此，多有失陪。”坐在一旁，就要动手吃酒。

二仙急忙拦阻说：“我们这酒不是白吃的，要将匾上三字各吟诗一首。说对了方准吃酒，说不对驱逐出境。”

白吃说：“请二位先说。”

洞宾即指匾上第一“圣（聖）”字说：“耳口王，耳口王，壶中有酒我先尝。席上无肴难下酒……”拔出宝剑将耳朵割下，说，“割个耳朵尝一尝。”

铁拐李又指匾上第二“贤（賢）”字说：“臣又贝，臣又贝，壶中有酒我先醉。席上无肴难下酒……”将洞宾手内宝剑接过，把鼻子割下来，说：“割下鼻子配了配。”

白吃看了大惊说：“我从来没见过如此请客者。轮到我不能不说。”指着匾上第三“愁”字说道：“禾火心，禾火心，壶中有酒我先斟。席上无肴难下酒，拔根寒毛表寸心。”

二仙说：“你真岂有此理？我们一个割耳，一个割了鼻，你因何只拔一毛？”

白吃说：“今日是遇见你二位，若要是别人，我连一毛也不拔。”

——选自〔清〕程世爵《笑林广记》

【译文】

有一个人姓白，绰号叫白吃，无论什么地方的宴会，都不请自到，坐下来就吃。村里的人很讨厌他，大家在村前的三圣祠立了一块匾额，上面写着“圣贤愁”三个字。

一天，吕洞宾、铁拐李云游来到这里，看见匾额上的“圣贤愁”三个字，不明白是什么意思，就变作云游道人，询问一下原因。当地人说：“我们这里有一个白吃者，吃遍一方。见了他虽是圣贤也要愁，故有此匾。”

吕洞宾说：“我二人虽不是圣贤，见了断不至于愁，倒要会会他，看他有什么白吃之术。”

吕洞宾、铁拐李坐在庙台上，吕洞宾吹了一口仙气，变出一壶酒、几碟菜，刚要斟酒。白吃已经来到面前，说：“你们二位在此，多有失陪。”便坐在一旁，就要动手喝酒。

吕洞宾、铁拐李急忙拦阻说："我们这酒不是白吃的，要把匾上的三个字各吟一首诗。说对了才许喝酒，说不对驱逐出境。"

白吃说："请二位先说。"

吕洞宾指着匾额上的第一个"圣（聖）"字说："耳口王，耳口王，壶中有酒我先尝。席上无肴难下酒……"然后，拔出宝剑把耳朵割下，说，"割个耳朵尝一尝。"

铁拐李指着匾额上的第二个"贤（賢）"字说："臣又贝，臣又贝，壶中有酒我先醉。席上无肴难下酒……"把吕洞宾手中宝剑接过去，把鼻子割下来，说："割下鼻子配了配。"

白吃看了大惊，说："我从来没见过这样请客的，轮到我不能不说。"他指着匾额上的第三个"愁"字说道："禾火心，禾火心，壶中有酒我先斟。席上无肴难下酒，拔根寒毛表寸心。"

吕洞宾和铁拐李说："岂有此理？我们一个割耳朵，一个割鼻子，你为什么只拔一毛？"

白吃说："今天遇见你们二位，如果是别人，我连一毛也不拔。"

【点评】

这是个单纯的双关语故事。

这个故事虽然很长，但关键的地方，就是故事结尾"白吃"说的那句话："今天遇见你们二位，如果是别人，我连一毛也不拔。"

这句双关语是借"白吃"的口讲述，也就是你们二位仙人，如果是别人，我连一毛都不拔，嘲讽了那些吝啬之极、一毛不拔的"铁公鸡"。

96．耍光棍

一姓卜名不详，一姓冢名不消，异姓同盟，结为兄弟。把兄谓把弟曰："我二人名姓甚奇，我之姓更奇，你看'冢'字之形似'家'无点，似'蒙'无头，仿佛官员摘了顶戴一样。今与吾弟相商，将你'卜'字腰间那一点，挪在我'冢'字头上。使我开了复，成了'家'，岂不甚妙？"把弟说："借与你成'家'，原无不可；但是你成了'家'，我可就耍光棍了。"

——选自〔清〕程世爵《笑林广记》

【译文】

有个人姓卜，名叫不详；还有个人姓冢，名叫不消，两人结拜为异姓兄弟。把兄对把弟说："我们两人的姓氏都很奇特，我的姓更奇特，你看'冢'字的形状像'家'字但少了一点儿，像'蒙'字又没有头，好像官员摘了顶戴一样。今天我和你商量一下，把你'卜'字腰间那一点，挪在我'冢'字的头上，让我开了复，成了'家'，岂不是很妙？"把弟说："借给你成了'家'，也没什么不可以；但是你成了'家'，我可就要光棍了。”

【点评】

这是个单纯的双关语故事。

姓“卜”的把腰间“一点”给了姓“冢”的，姓“冢”的头上多了一点，变成姓“家”了。可是姓“卜”少了一点变成了姓“丨”，岂不是只剩“要光棍”了。如姓卜的所说：“你成了‘家’，我可就要光棍了。”

这句双关语明是说姓“卜”的借给姓“冢”的“一点”，姓“冢”成了姓“家”，姓“卜”成了姓“丨”，姓“丨”的“就要光棍了”；实则是说姓“卜”的借给姓“冢”的“一点”（钱）成了“家”（家庭），姓“卜”的可就（没钱成家）“要光棍了”。这句双关语哀叹了穷人没钱成家的窘境。

人们日常往往把“一点钱”称“一点儿”，借“一点儿”，指借“一点儿钱”。这句双关语的妙处即在于此。中华汉字的博大精深，已经体现在这句双关语上了，妙不可言啊！

97. 猫辞职

皇帝以猫捕鼠有功，欲封一官以酬其劳，猫力辞，不肯就职，皇帝异之，问是何意，猫曰："臣今尚得为猫，倘①一经做官，则并猫都不能做矣。"皇帝不准，一定要猫去到任。猫曰："臣誓不能改节②，若要到任做官，非改节不可。不然，则同僚③皆不能安，故臣不敢受命也。"皇帝问何故，猫曰："老鼠向来畏猫，而如今天下做官的，都是一班鼠辈，倘臣出身做官，一班同寅④何以自安？"

——选自〔清〕吴趼人《俏皮话》

【注释】

①倘：假使，如果。

②改节：改变气节、节操。

③同僚：旧时同朝或同官署做官的人，互称同僚。

④同寅：与同僚同义。

【译文】

皇帝因为猫捕捉老鼠有功，想为猫封官来酬报它的辛劳，猫坚决推辞，不肯就任。皇帝很惊异，问什么意思，猫说：“我现在还可以做猫，如果去做官，那么连猫都做不成了。”皇帝不准，一定要猫赴任。猫说：“我发誓不能变节，如果赴任做官，那就非要变节不可。如若不然，同僚都不能安心，所以我不敢接受任命啊。”皇帝问什么原因，猫说：“老鼠向来怕猫，而如今天下做官的，都是一群鼠辈。如果我赴任做官，一班同僚怎么安心呢？”

【点评】

这是个单纯的双关语故事。

如题“猫辞职”之意，皇帝非要封猫当官，猫力辞，不肯就职。皇帝问其原因，猫说：“老鼠向来怕猫，而如今天下做官的，都是一群鼠辈。如果我赴任做官，一班同僚怎么安心呢？”

这句双关语明是说“老鼠”，实则说“腐败无能的官员”。旧时的官员腐败无能，一群鼠辈，见了猫都会害怕，抨击了那些腐败无能的官员们。

98. 蛇

蛇最喜伸腰，而所居之穴，每苦狭隘[①]，必盘屈[②]而后能居之。欲伸腰，则必出穴外，然常出穴，又恐惊人，乃欲寻一能伸腰之穴，久之而不可得。一日，寻到象鼻孔内，象鼻甚长，其鼻大可以容蛇伸腰。蛇大喜，即据以为穴。便在穴内大伸懒腰，象觉鼻痒，打一喷嚏，将蛇打到十余丈以外，跌得周身骨节痠痛[③]，偃卧[④]不得动。偶遇他蛇，问何故如此苦楚，蛇具告之。他蛇笑曰：“你要图过分之幸福，所以有这一番意外跌扑。”

——选自〔清〕吴趼人《俏皮话》

【注释】

①狭隘：狭窄。

②盘屈：把身体屈曲蟠伏着。

③痠（suān）痛：同酸痛。

④偃（yǎn）卧：仰面倒下，仰卧。

【译文】

蛇最喜欢伸腰，但它所居住的洞穴，苦于非常狭窄，必须盘屈身体才能居住。想伸腰，就必须爬出洞穴。然而常出洞穴，又恐怕惊动人，于是想找一个能伸腰的洞穴，找了很久也没找到。一天，蛇钻到大象的鼻孔内，象鼻很长，大得可以容纳蛇伸腰。蛇非常高兴，便占据大象的鼻子为安身洞穴。蛇在大象鼻子里大伸懒腰，大象觉得鼻子痒痒，打了个喷嚏，将蛇打到了十丈以外。蛇摔得浑身骨节酸痛，仰卧在那里动弹不得。偶然有其他蛇路过，问它为什么如此痛苦，蛇如实相说。路过的蛇笑道：“你要贪图过分的幸福，所以才摔了这意外的一跤！”

【点评】

这是个单纯的双关语故事。

蛇为一个随时能伸展的洞穴钻进象鼻之中，以为找到了舒适的处所，没想到大象一个喷嚏就结束短暂的幸福，被摔得七荤八素，动弹不得。最后还被路过的同类耻笑：“你要贪图过分的幸福，所以才摔了这意外的一跤！”

这句双关语明是说“蛇”，实则说“人”。贪图一时的享受，会摔大跟头的，意在告诫那些贪得无厌的人们，不要冒险去贪图便宜而吃大亏，最后只能乐极生悲。

99. 鸡

百鸟飞鸣林木间，或栖止[①]于屋上。鸡见而妒羡[②]之，以为同是羽类，我何独不能高翔。乃竭力振翮[③]，居然飞至屋上，喔喔长啼，自鸣得意。主人见之，以为不祥，捉而杀之。将杀未杀之际，他鸡嘲之曰："何苦强欲高飞，致罹[④]杀身之祸。"此鸡笑曰："若[⑤]真一孔之见哉，我今虽被杀，然已得见屋上之风景；若汝等伏处枥下[⑥]，眼界不开，而将来仍不免一杀，何若我之得开眼界而死者哉。"

——选自〔清〕吴趼人《俏皮话》

【注释】

①栖止：寄居，停留。

②妒羡：既妒忌又羡慕。

③振翮（hé）：拍打着翅膀向上飞行。翮：鸟的翅膀、羽翼。

④罹（lí）：遭受不幸或苦难。

⑤若：你，你们。

⑥枥（lì）下：马槽下面。

【译文】

百鸟在树林间飞翔、鸣叫，或者歇息在屋顶上。鸡见了既妒忌又羡慕，认为同是长翅膀的禽类，我为什么不能高高飞翔。于是，鸡竭尽全力扇动翅膀，竟然飞到了屋顶上，高兴地喔喔长啼，很是得意。主人见了，以为不祥，把鸡捉住杀了。将杀未杀之际，其他的鸡嘲笑说："何苦非要往高处飞呢，以致遭遇杀身之祸。"此鸡笑道："你们真是一孔之见啊，我现在虽然被杀，然而已经见到了屋顶上的风景；像你们成天趴在马槽下面，不去开开眼界，而且将来仍然免不了一死，哪像我得以大开眼界之后而死呢？"

【点评】

这是个单纯的双关语故事。

这是一只向往飞翔的有志向的鸡，虽然只飞到了屋顶，却见到了其他鸡见不到的屋顶风光，但也付出了生命的代价。其他的鸡，没有什么往高处飞的理想，循规蹈矩地活着，最终仍免不了被杀，只不过苟且生存的时间要久一点。

这个双关语的故事，明是说"鸡"，实则讲"人"，有的人吃饭是为了活着，而有的人活着就是为了吃饭。

虽然人人都免不了一死，但有人活得精彩，活得痛快，活得像人；有人活得憋屈，活得窝囊，活得不像人。人活着，不能只为了眼前的苟且，更应该开阔眼界，追求新生事物，为了诗和远方，为了理想而献身，才能死而无憾，无怨无悔。

100. 鹧鸪杜鹃

春社[1]日，燕子初来，杜鹃对之曰："不如归去[2]！不如归去！"燕子闻之，心烦意乱。然既来之则安之，任是杜鹃劝煞[3]，终不肯行，衔泥筑巢，以为久远计。无奈杜鹃只管叫"不如归去"，叫到口血都出了。光阴荏苒，又届秋社[4]，金风[5]渐起，燕子想着杜鹃之言，于是浩然[6]有归志，遍向各处辞行。鹧鸪看见燕子将要飞去了，又对燕子说道："行不得也哥哥[7]！行不得也哥哥！"燕子不觉着恼道："我本来好好的来去自由，被你们你一句我一句，说得我无所适从起来了。"

——选自〔清〕吴趼人《俏皮话》

【注释】

①春社：古时候，春天祭祀土地神的日子。

②不如归去：杜鹃鸟的叫声。相传，杜鹃鸟是古代蜀帝杜宇的魂魄所化，每于春夏间啼叫，声音很像："不如归去！"

③煞：极，很。

④秋社：古时秋天祭祀土地神的日子。

⑤金风：秋风。

⑥浩然：不可阻遏、无所留恋。《孟子·公孙丑下》："夫出昼，而王不予追也，予然后浩然有归志。"

⑦行不得也哥哥：指鹧鸪的叫声。鹧鸪的啼叫声很像："行不得也哥哥！"

【译文】

春天祭祀土地神的日子，燕子刚从南方飞来，杜鹃就对他说："不如归去！不如归去！"燕子听后心烦意乱。然而既然来了就安下心来，任凭杜鹃死劝，燕子始终不肯走，衔泥垒窝，作为长久之计。无奈杜鹃总是叫"不如归去"，叫到嘴里出血。时间渐渐逝去，又到了秋天祭祀土地神的日子，秋风渐起，燕子想着杜鹃的话，于是毅然有了回去的念头，便向各处辞行。鹧鸪见燕子准备飞回去，就对燕子说："行不得也哥哥！行不得也哥哥！"燕子不由得恼怒道："我本来好好的来去自由，被你们你一句我一句，说得我无所适从。"

【点评】

这是个单纯的双关语故事。

春天，燕子从南方飞来，杜鹃对燕子说："不如归去。"秋天，燕子打算飞回南方，鹧鸪对燕子说："行不得也哥哥！"燕子恼了，本是来去自由，却被杜鹃一句鹧鸪一句搞得头昏脑涨，不知道听谁的好。

这句双关语，明是说"杜鹃"和"鹧鸪"，实则是说"人"。旁观者左一句"不如归去"，右一句"行不得也"，信口开河，乱给别人出主意。而当局者的燕子，遇事没有主见，举棋不定，被外来的意见所左右。这句双关语告诫人们，遇事要有自己的主见，拿定主意，自己事情自己做主。

101．红顶花翎

兔游行于山林中，偶遇一鹤，兔羡之，问曰：“若[1]之顶，何为而红也？”鹤曰：“此朝廷之一品冠制[2]也。”兔默识[3]之。他日，又遇孔雀，兔又羡之，问曰：“若之尾，何为而文采斓斑[4]也？”孔雀曰：“此朝廷之所以旌[5]有功者，谓之花翎[6]。”兔亦识之。一日，兔复出游，遇猎者，持鸟枪，迎头痛击，适中其颅，鲜血迸出。兔负创返奔，复遇人以箭自后射之，中尻[7]。兔奔益急，遁入林内。适孔雀与鹤闲谈，见兔至，问何来，兔曰：“我把头磕穿了，骗来一颗红顶[8]，到后来花翎也骗着一枝，只是屁股痛得厉害。”

——选自〔清〕吴趼人《俏皮话》

【注释】

①若：你，你们。

②一品冠制：一品官员的服饰。清朝一品文官的服饰绣仙鹤。

③默识：默默记住。

④斓斑：颜色驳杂，灿烂多彩。

⑤旌：表扬，表彰。

⑥花翎：冠饰。清代品官的帽子所装饰的孔雀翎叫花翎，以翎眼多少分等级，最多三眼。

⑦尻（kāo）：屁股，脊骨的末端。

⑧红顶：红顶子，本来指清代官员的顶戴花翎，借指高官。

【译文】

有只兔子在山林中游走，偶然遇到一只鹤。兔子很羡慕，问道："你的头顶，为什么是红色？"鹤说："这是朝廷的一品文官戴的帽子。"兔子默默记住了。过了几天，又遇到了孔雀，兔子又很羡慕，问道："你的尾巴，为什么这样五彩斑斓？"孔雀说："这是朝廷用来表彰有功劳的人，称为花翎。"兔子又记住了。一天，兔子又出游，遇见猎人。猎人手持鸟枪，迎头打了兔子一枪，击中兔子头部，喷出鲜血。兔子忍着疼痛逃跑，又遇着一人用箭从后面射中它的屁股。兔子跑得更急了，逃进了树林里。恰巧孔雀和鹤正在闲谈，看见兔子问他从哪里来，兔子说："我把头磕穿了，骗来一颗红顶，到后来花翎也骗了一枝，只是屁股痛得厉害。"

【点评】

这是个单纯的双关语故事。

兔子非常羡慕鹤的红顶和孔雀的花翎，直到遇到猎人也送了它"红顶"与"花翎"，忍着疼痛逃回树林，见到了鹤和孔雀，说道："我把头磕穿了，骗来一颗红顶，到后来花翎也骗了一枝，只是屁股痛得厉害。"

这句双关语明是说“兔子”，实则是说“骗取官职的人”。意思是：我磕了无数个头，才骗来一颗红顶；屁股挨了无数板子，才骗来一枝花翎，嘲讽了那些费尽心机去骗取官职的人。

102. 肝脾涉讼

心为君主之官[①]，凡五脏六腑[②]，均归其掌管。一日，脾来告状，曰："脾土[③]所以司元气，不期近日肝木[④]恃其势力，横来侵扰，亦不敢与之计较。惟有内加培养，外加防卫而已。讵[⑤]肝又发泄于外，成为怒气。此明明为肝气也，而世人偏指为脾气。凡肝气发作时，人莫不指称之曰：'某也脾气不好。'蒙此不白之冤，复败坏名誉，伏望伸雪[⑥]！"云云。心乃传肝来质讯[⑦]，肝曰："我用尽气力，发为怒气，彼乃盗袭虚声，坐享名誉，我不与之计较，彼乃反告我耶？"

——选自〔清〕吴趼人《俏皮话》

【注释】

①官：这里是指人身上的器官而言，所谓"心为君主之官"。

②五脏六腑：五脏：心、肝、脾、肺、肾；六腑：胃、大肠、小肠、三焦、膀胱、胆。

③脾土：指脾。五脏合五行，脾属土，故名。

④肝木：指肝。五脏合五行，肝属木，故名。

⑤讵（jù）：岂，怎。

⑥伸雪：申诉冤屈以求洗雪。

⑦质讯：质对讯问。

【译文】

心是人体器官的君主，凡是五脏六腑，统统归它掌管。一天，脾来告状，说："我掌管人体的元气，想不到最近肝依仗它的势力，横加侵扰，我也不敢和他计较，只能内部加强培养，外面加强防卫而已。岂料肝又发泄于外，成为怒气。这明明是肝的气，可世人偏偏说是脾的气。但凡肝气发作时，人们无不指责说：'某某脾气不好。'我蒙受这不白之冤，又败坏名誉，希望为我洗雪冤屈。"等等。于是，心传肝来对质讯问，肝说："我用尽了气力，发泄为怒气。脾窃取我的名声，坐享我的名誉，我不跟它计较，他还反而告我吗？"

【点评】

这是个单纯的双关语故事。

脾告肝的状，说肝火旺盛发泄怒气，人们都指脾气不好；肝反告脾，肝将肝火转泄为怒气，脾坐享肝的名气。

这句双关语，明是说"肝脏"与"脾脏"，实则是说"人"。肝脾之争，同室操戈，本是同根生，相煎何太急。生而为人，且修身，且渡人，不必窃取名声，不必强抢名誉，不必诬陷反告，更不必倒打一耙，相煎太急。

103．蠹鱼

蠹鱼[1]蚀[2]书满腹，庞然自大，以为我天下饱学之士也。遂昂头天外，有不可一世之想。出外游行，遇蜣螂[3]，蜣螂欺之；遇蝇虎[4]，蝇虎侮之。蠹鱼忿急，问人曰："我满腹诗书，自命为天下通儒[5]，何侮我者之多也？"人笑之曰："子虽自命为满腹诗书，奈皆食而不化[6]者，虽多何用？"

——选自〔清〕吴趼人《俏皮话》

【注释】

①蠹（dù）鱼：又称蠹、衣鱼、白鱼、壁鱼、书虫或衣虫，是一种灵巧、怕光、无翅的昆虫，出没在旧书堆、字画、纸盒中。

②蚀：同"食"。

③蜣螂（qiāngláng）：一种昆虫，常把粪便滚成球，俗名屎壳郎。

④蝇虎：一种小蜘蛛，不结网，捕食苍蝇和小虫，通称跳蛛，俗称苍蝇虎。

⑤通儒：学识渊博的儒者。

⑥食而不化：吃了东西不消化。

【译文】

蠹鱼吃了满肚子书，骄傲自大，以为自己是世上最有学问的人。于是昂头天外，有不可一世之想。蠹鱼出外游行，遇到蜣螂，蜣螂欺负他；遇到蝇虎，蝇虎侮辱他。蠹鱼又气又急，问人说：“我满腹诗书，自认为是世上最有学问的人，为什么还有这么多侮辱我的？”人笑它说：“你虽然自认为满腹诗书，无奈都没理解消化，虽然多又有什么用？”

【点评】

这是个单纯的双关语故事。

蠹鱼，也就是我们常说的书虫，自以为满腹诗书，不可一世。但出门在外，不是被蜣螂欺负，就是遭蝇虎侮辱，居然还不自知。难怪被人笑话：“你虽然自认为满腹诗书，无奈都没理解消化，虽然多又有什么用？”

这句双关语，明是说“蠹鱼”，实则是说“某些读书人”。读书贵在消化理解，融会贯通。年轻人博览群书，广见多闻，本是件好事情；但读书再多，囫囵吞枣，一知半解，不求甚解，不能消化理解，吸收精髓，读再多的书恐怕也没有用。只有在消化、吸收、理解的过程中，融会贯通，举一反三，学会独立思考，才是正解。

104. 脚权

四肢百骸[①]，各有位置，出于天然，非可相强者也。一日，耳、目、口、鼻等，开五官大会，宣言曰："我等位置最高，何等清贵。彼脚者，位置于最卑下之地，吾等当相约，不与为伍。"众赞成。脚闻之，置不与之计较。他日，有人招饮，口极欲往，一饱口福，而脚不肯行，口无如之何，惟有馋涎[②]拖一尺许而已。又他日，耳欲听，目欲视，然所以供视听者，又皆在室外，脚亦裹而不前，耳目亦无如之何也。思悔议[③]矣，惟鼻不从，曰："脚虽能制汝等，惟我无求于彼，彼其奈我何哉？"脚闻之，直行至溷厕[④]之上，立而不动。秽恶之气，扑鼻而入，秽呕欲死。肚与胃相谓曰："他们在那里闹意见，却累了你我。"

——选自〔清〕吴趼人《俏皮话》

【注释】

①百骸（hái）：全身骨骼的泛称。骸，即骨骼。

②馋涎（xián）：因食欲很强而口中分泌的涎水。

③悔议：改变原来的决议。

④溷（hùn）厕：厕所。

【译文】

人体的四肢及各部位的骨骼，各有各的位置，出自天然，不可以强求规定。一天，耳、目、口、鼻等，召开五官大会，发表宣言说："我们的位置最高，何其尊贵。那个脚，位于最低下的地方，我们应当约定，不与他为伍。"大家都赞成。脚听后，也不和他们计较。一日，有人宴请，口非常想去一饱口福，但脚不肯走，口没有办法，只能让口水流下一尺长而已。又一天，耳朵想听，眼睛想看，可是他们想听和想看的又都在屋外，脚还是不肯走，耳朵、眼睛也毫无办法。大家商量改变原来的约定，唯独鼻子不同意，说："脚虽然能制服你们，只有我无所求于他，他能把我怎么样？"脚听后，一直走到厕所前面，站着不动。恶臭的气味扑鼻而来，秽气令人恶心得要死。肚子和胃相互说道："他们在那里闹意见，却连累了你和我。"

【点评】

这是个单纯的双关语故事。

四肢百骸，本是一体。五官开会，看不起位于最下的脚，不与脚为伍。但谁都离不开脚，没有脚，寸步难行；没有脚，离不开凶险恶臭之地。五官与脚的高低争斗，却苦了中间的肚子和胃："他们在那里闹意见，却连累了你和我。"

这句双关语，明指四肢百骸的一争高下，无辜的肚子和胃跟着倒霉，实际暗指血脉相连的人们，不要因为一些无缘无故的小矛盾、小意见相互争斗，不仅连累无辜，还会导致内耗。血浓于水，关键时刻，还是要自己人帮自己人的。

105. 蛇教蚓行

蛇无足而行甚速，蚓羡之，欲学焉。曰："吾与蛇等耳，吾何为不及蛇？"遂学蛇行，苦笨滞殊甚。因伏而窥[①]蛇之行，见其蜿蜒[②]作势，亦学之，竭力腾挪[③]，跳跃以起，卒[④]不得前。不得已，就蛇执弟子礼[⑤]，乞蛇教之。蛇亦不吝教诲，授以蜿蜒取势之法。而蚓百学不能肖[⑥]，蛇乃细审之，叹曰："吾虽无足，然自首至尾节节有骨。若[⑦]则通身无骨者，乌能[⑧]行于世上哉？"

——选自〔清〕吴趼人《俏皮话》

【注释】

①窥：从小孔、缝隙或隐蔽处偷看。

②蜿蜒：蛇爬行的样子。

③腾挪：这里是翻腾挪动的意思。

④卒：这里是结果的意思。

⑤执弟子礼：致以弟子对待师长的礼仪。

⑥肖：相似，像。

⑦若：你，你们。

⑧乌能：怎样能够。

【译文】

蛇没有脚却行动迅速，蚯蚓很羡慕，想要学习。蚯蚓说："我和蛇一样啊，我为什么不及蛇？"于是就学蛇行走，苦于又笨又呆和蛇相差很远。蚯蚓趴在一边偷看蛇行走，见蛇屈曲而行的姿势，也依样学习，竭力翻腾挪动，跳跃而起，结果还是不能行进。没办法，蚯蚓就拜蛇为师，请蛇教它。蛇也不吝教诲，教给蚯蚓屈曲行走的方法。而蚯蚓学了很多遍也学不像。蛇就细细观察蚯蚓，感叹说："我虽然没脚，可从头到尾节节有骨头。你全身都没有骨头，怎么能在世上行走呢？"

【点评】

这是个单纯的双关语故事。

蚯蚓羡慕蛇行动迅猛，向蛇学习如何快速行走，可是怎么学都学不会。蛇是脊椎动物，蚯蚓是无脊椎动物。最终，蛇发现蚯蚓全身没有骨头，不禁感叹说："我虽然没脚，可从头到尾节节有骨头。你全身都没有骨头，怎么能在世上行走呢？"

这句双关语明是说"蚯蚓"，实则是说"人"。没有骨头的人，怎么可能在这个世界上生存呢？也就是说，没有骨气的人，终将一事无成。

106．只好让他趁风头

舟行之具，帆、樯、桨、橹并重。一日，桨与橹皆不平曰："吾等皆水行之要具，而舟人[①]于我等之位置，皆不甚经心。若帆者，则必安放于最高之位置，帆遂扬扬自得，有惟我独尊之概，吾等盍[②]攻之！"舵从旁劝曰："是[③]可以不必。渠[④]之扬扬自得，旁若无人者，只趁一时之顺风耳。倘[⑤]风色不对，他便缩头不敢出，让君等宣劳[⑥]矣。"桨与橹曰："此权当操之在尔[⑦]，倘遇顺风时，汝略向旁边一摆，则风自不顺矣。"舵叹曰："此等趾高气扬的东西，何必与他为难，你只冷着眼看他，顺风有得几时？"

——选自〔清〕吴趼人《俏皮话》

【注释】

①舟人：船夫。

②盍（hé）：何不。

③是：这。

④渠：方言，他。

⑤倘：假使，如果。

⑥宣劳：尽力，效劳。

⑦尔：你，你的。

【译文】

行船的工具，帆、樯、桨和橹，同样重要。一天，桨和橹都很不平地说："我们都是行船的重要工具，可船夫对我们的位置，都不太在意。像船帆，则一定安放在最高的地方，帆就洋洋得意，一副唯我独尊的架势，我们为什么不驳斥他！"舵在一旁劝说："这个可以不必。他之所以洋洋得意、旁若无人，只不过趁一时的顺风罢了。如果风向不对，他就缩起头不敢出来，让你们去卖力气了。"桨和橹说："这权力应当由你掌控，如果遇到顺风的时候，你稍微朝旁边一摆，则风向自然不顺了。"舵感叹说："这种趾高气扬的东西，何必和他计较，你只需冷眼看他，顺风能够撑多久？"

【点评】

这是个单纯的双关语故事。

帆、樯、桨、橹和舵，都是行船缺一不可的工具。桨和橹对高高在上、洋洋得意的帆不忿，舵却说："他之所以洋洋得意、旁若无人，只不过趁一时的顺风罢了。""这种趾高气扬的东西，何必和他计较，你只需冷眼看他，顺风能够撑多久？"

此处双关语明是说"船帆"，实则是说"人"，不要和趾高气扬的人计较，看他猖狂到几时？告诫人们：做人不要太嚣张，没有人能够一直顺风顺水，一直高高在上。俗话说，"骄兵必败"。有些人在顺风顺水之时，趾高气扬、唯我独尊，但迟早是要栽跟斗的。

107. 吃马

客有以象棋赌胜负者。就视之，黑棋之中卒，将为红炮所吃，中卒被吃，则势败；走车返，可以保护之。而可以驻车保中卒之处，已先有一黑马在。寻思良久，遽[①]走车，自将黑马吃去。着红棋者不允，曰：“无如此着法。”着黑棋者曰：“我自家吃自家，有何不可，你那[②]里管得我许多。”

——选自〔清〕吴趼人《俏皮话》

【注释】

①遽（jù）：遂，就。

②那：音与意同“哪”。

【译文】

两个人下象棋赌输赢。就局势看，黑棋居于中间的卒，将要被红炮吃掉，中卒被吃，黑棋就要面临败局；黑棋如果让车返回，可以保护中卒。但可以驻车保护中卒的位置，已经先有一个黑马在那里。黑棋一方思考很久，拿起黑车，把自己的黑马吃了。红棋一方不允许，说："没有这种下法。"黑棋一方说："我自己吃自己，有什么不可以，你哪里管得着我这么多。"

【点评】

这是个单纯的双关语故事。

黑红双方下象棋。黑棋眼看要输棋了，为了挽回败局，黑方用自己的黑车吃了自己的黑马。红方自然不允。黑方则说："我自己吃自己，有什么不可以，你哪里管得着我这么多。"

这句双关语所说的"吃自己"，明是说"吃自己的黑马"，实则说"吃自己家的东西"。意思是：我吃自己家的东西，有什么不可以，我就是爱吃爱喝，你管不着。这句双关语非常含蓄地揶揄了那些爱管别人家闲事的人。

108. 水晶

水晶精莹[①]如水，质坚而透明，乃傲于水曰："若[②]之决之东方则东流，决诸西方则西流者，焉能及我之坚凝独立也。"水亦自叹，望尘莫及，然甚欲有以学之。一日，际严冬，寒威凛冽，水尽成冰。乃大喜。告水晶曰："吾今与尔等矣。若焉能再傲我。"水晶曰："吾可以为材，雕镂成器，若亦能之否？"冰曰："云胡[③]不能？"乃投琢工[④]。自献焉。琢工取视之触手即化。水乃叹曰："吾今而后，知徒有其表者之未足以为材也。"

——选自〔清〕吴趼人《俏皮话》

【注释】

①精莹：晶莹，透明光亮。

②若：你，你们。

③云胡：为什么。

④琢工：雕琢玉石的工匠。

【译文】

水晶晶莹光亮如水，质地坚硬而且透明，于是骄傲地对水说：“你决口于东方就往东流，决口于西方就往西流，怎么能比得上我坚定又独立啊。”水也自叹，望尘莫及，甚至很想学习水晶。一天，到了严冬，寒威凛冽，水都冻成了冰。水非常高兴，告诉水晶说：“我现在和你一样了，你还能再藐视我吗？”水晶说：“我可以作为材质，雕琢镂刻成器，你也能这样吗？”冰说：“为什么不能？”于是，冰自献雕琢匠。雕琢匠拿起冰一看，刚碰到冰就化了水。水叹息说：“从今以后，我知道徒有其表的不见得都是材。”

【点评】

这是个单纯的双关语故事。

水对水晶的晶莹及坚硬望尘莫及。寒冬之际，水结成冰，以为可以和水晶媲美了。没想到，水晶的晶莹坚硬，可以雕镂成器，冰却又化成了水。水自叹弗如说：“从今以后，我知道徒有其表的不见得都是材。”

这句双关语，明是说“水”，实则是说“人”。不能以貌取人，仪表堂堂、金玉其外、徒有其表的不见得都是才（材）啊。这句双关语告诫人们，人不可貌相，只有拥有真才实学，经得起雕琢，经得起时间的打磨，才能成大器。

趣味
双
关语
QuWei
ShuangGuanYu

参考文献

《启颜录》　〔隋〕侯白

《艾子杂说》　〔宋〕苏轼

《调谑编》　〔宋〕苏轼　语　〔明〕王世贞　次

《醉翁谈录》　〔宋〕罗烨

《事林广记》　〔宋〕陈元靓

《宦游纪闻》　〔宋〕张世南

《山中一夕话》　〔明〕李贽

《艾子后语》　〔明〕陆灼

《雅谑》　〔明〕浮白斋主人

《雪涛谐史》　〔明〕江盈科

《笑赞》　〔明〕赵南星

《时兴笑话》　〔明〕陈眉公

《笑府》　〔明〕冯梦龙

《广笑府》　〔明〕冯梦龙

《古今谭概》　〔明〕冯梦龙

《精选雅笑》　〔明〕醉月子

《解愠编》 〔明〕乐天大笑生
《笑海千金》 〔明〕无名氏
《华诞趣乐谈笑酒令》〔明〕无名氏
《红楼梦》 〔清〕曹雪芹
《笑倒》 〔清〕陈皋谟
《笑得好》初集 〔清〕石成金
《笑得好》二集 〔清〕石成金
《嘻谈录》 〔清〕小石道人
《笑林广记》 〔清〕游戏主人
《笑林广记》 〔清〕程世爵
《俏皮话》 〔清〕吴趼人

趣味
双
关语
QuWei
ShuangGuanYu

趣味
双
关语
QuWei
ShuangGuanYu